The New Rules of the Housing Design

センスを磨く！
住宅デザインの
新ルール

外観・外構編

X-Knowledge

センスを磨く！　住宅デザインの新ルール　**外観・外構編**

CONTENTS

カバー写真　伊左地の家（設計・施工：扇建築工房　撮影：水谷綾子）
デザイン　マツダオフィス
DTP　シンプル
印刷　シナノ書籍印刷

本書は「センスを磨く！住宅デザインのルール」1・6および「建築知識ビルダーズ」No.4・33を加筆・修正のうえ、再編集したものです。

chapter

1

事例に学ぶ美しい庭のプランニング

美しい外観に欠かせない庭・植栽。
本章では、美しい庭をもつ5つの実例を取り上げ、
その庭をつくり上げるうえで欠かせない植栽や舗装材、外構物などを
バランスよく配置するプランニングの考え方や具体的な設計手法を紹介する。

引き継いだ庭を生かして家をつくる

撮影＝山本育憲　設計・施工＝キリガヤ

1 建物を小さくして庭を大きく取る

逗子Y邸を前面道路から見る。駅からほど近い住宅地ながら、背後に山を背負う自然豊かな環境。石敷きの駐車場、周囲の自然との連続性を感じさせる前庭の植栽が美しい。

事例は、海と山が近く、自然が豊富な神奈川県逗子市に建つ住宅。駅から徒歩圏の立地ながら、背後に大きな林があるなど自然に恵まれている。建て主の両親が長年住んでいた土地を譲り受け、日中過ごしたり、お客を招いたりするための別邸として計画された。

居住スペースとしてのあらゆる要素を満たす必要がなかったため、建物は平屋としてリビング中心に建築面積約83㎡とコンパクトに設計。敷地全体の半分程度に収まったため、庭を大きめに取ることができた。また庭を、駐車スペースを含む前庭、プライベート性のある南側の庭に分け、植栽や石を配置。そのほか、敷地と塀の間の狭い路地にも樹木をくまなく配置するなど、周囲の視線を緩やかに遮りながら、部屋のどの場所からも緑が見える心地よい外部空間となっている。

植栽はモミジやアオダモ、ソヨゴなど明るい色合いの葉であまり大きくならない樹木を中心に構成し、ギボウシやフウチソウなどの宿根草を足元に配置、季節ごとに花や香り、紅葉などで楽しめる庭とした。いまでは建て主が樹木や宿根草の隙間に一年草などを植えており、より華やかな植栽となっている。

前面道路左手から見た外観。敷地境界線の境には板塀が築かれている。板塀の下見板張りも、仕上げの木材保護塗料も外壁と同じ

逗子Y邸

所在地	神奈川県逗子市
居住者	夫婦
構造	木造平屋(在来構法)
敷地面積	309.05㎡
1階床面積	83.22㎡(25.12坪)
竣工年月	2014年7月
設計·施工·造園	キリガヤ

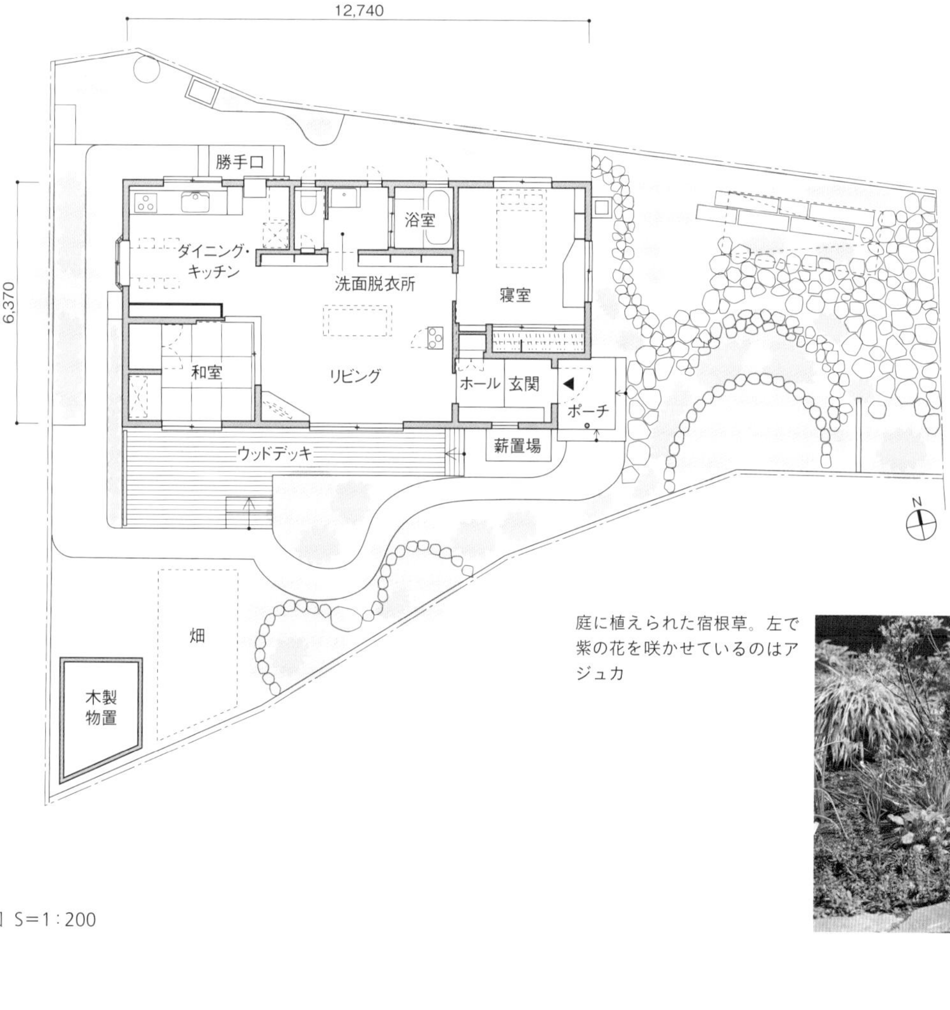

逗子Y邸配置図 S=1:200

庭に植えられた宿根草。左で紫の花を咲かせているのはアジュカ

どの窓からも鮮やかな緑が見える家

右上／前庭から南庭を見る。玄関から南庭に向かってはマサ土でつくられた舗装路があり、雨の日やその後でも足を汚さずに移動できる　左上／南庭の舗装路はそのまま西側のバックヤードへとつながる。バックヤードも壁際や塀際に植栽が施されており、窓からの眺めをより豊かにする　右下／ダイニングの窓。窓からはバックヤードの植栽が見える
左下／リビングから見える南庭。デッキテラスからそのまま庭に降りることができる

上／南庭を東側から見る。デッキテラスが右手に、奥に物置が見える。デッキテラス手前の木がモミジ、物置手前の木がジューンベリーである
下／南庭を西側から見る。曲がりくねった舗装路を伝って前庭に出る。デッキテラスの上部はパーゴラとなっており、夏には日除けのオーニングを設置することが可能

2 多目的に使えるデッキテラスとパーゴラ

リビングや畳スペースの掃出し窓とつながるデッキテラスは、やや大きめにつくられており、机や椅子を出してセカンドリビングとしても使える。さらに、リビングと畳スペースをつなぐ外動線としても、また、庭に出る階段が設けられているので、庭いじりや外に設けられた薪置場への動線としても重宝されている。

　デッキの上部には格子状のパーゴラが設けられており、グリーンカーテンの支持棚や、簡易な日除けとしての効果があるほか、シェードを取り付ければよりしっかりとした日除けにもなる。

3 地元の自然石を使う

駐車スペースやアプローチには、神奈川県産の本小松石と根府川石が使われている。どちらも、日本各地でよく見られる安山岩の一種で、敷石などとしてもよく使われる。ここでは、厚みのある長方形の本小松石を駐車スペースに、そのほかの前庭全体には不整形に割られた根府川石をランダムに並べて、自然な風合いを出した。また、石の目地にはヒメイワダレソウを植えた。芝生などよりも強く、メンテナンスなどがあまりいらないため、よく使っているそうだ。

南庭の中央には舗装路が設けられた。これはマサ土にセメント成分を混ぜてつくったもので、歩行感がよい。色合いも周辺の植栽になじむ

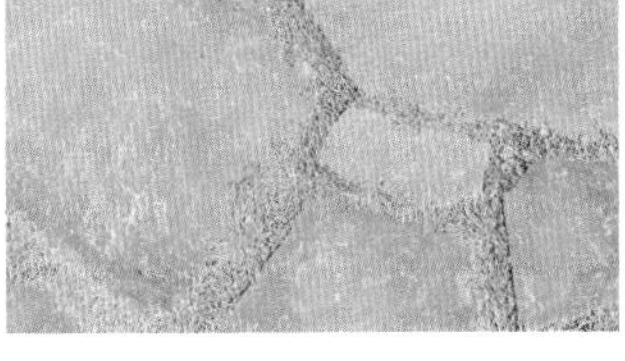

上／駐車場の敷石に使われた真鶴原産の本小松石。肉厚で重量感がある
下／駐車場やアプローチの敷石に使われた小田原市根府川原産の根府川石

住宅の外壁とデザインをそろえた板塀。ウェスタンレッドシダーの下見板張りである

4 既製品を使わずに大工が製作する

物置は既製品を使うか、最近では建物の一部に組み込むこともあるが、この事例では庭の隅に木工事で物置を製作している。ただし庭の景観を損なわないために、外壁には住宅と同じウェスタンレッドシダーを用いて塗装し、下見板張りとするなど、デザインに配慮した。屋根はシンプルにアスファルトシングル葺きとしている。

車止め、物干し、薪置場なども既製品でも対応できるが、これらもすべて大工が製作している。素材は主にウェスタンレッドシダーとし、住宅のデザインに合わせてデザインされている。こういう細かな気配りが庭全体の印象をよりよくする。

5 既存の樹木や石を生かす

家族の記憶をできるだけ庭に残す

家族が長年所有していた土地であれば、その場所に植えられていた樹木などの愛着も深い。この事例では、南側に植えてあったモミジを伐採せずに、それを生かすように設計された。既存の石なども、動線を妨げないようにモミジの周囲に移動、特に大きな石は物置場や腰かけとして使えるよう、平らな面を上にして設置されている。

建て替え前からあった既存のモミジは伐採せずそのまま残した。また、モミジの周囲を取り囲む石や手前の大きな石も既存の庭の石を流用したもの

6 フラットな外部空間をつくる

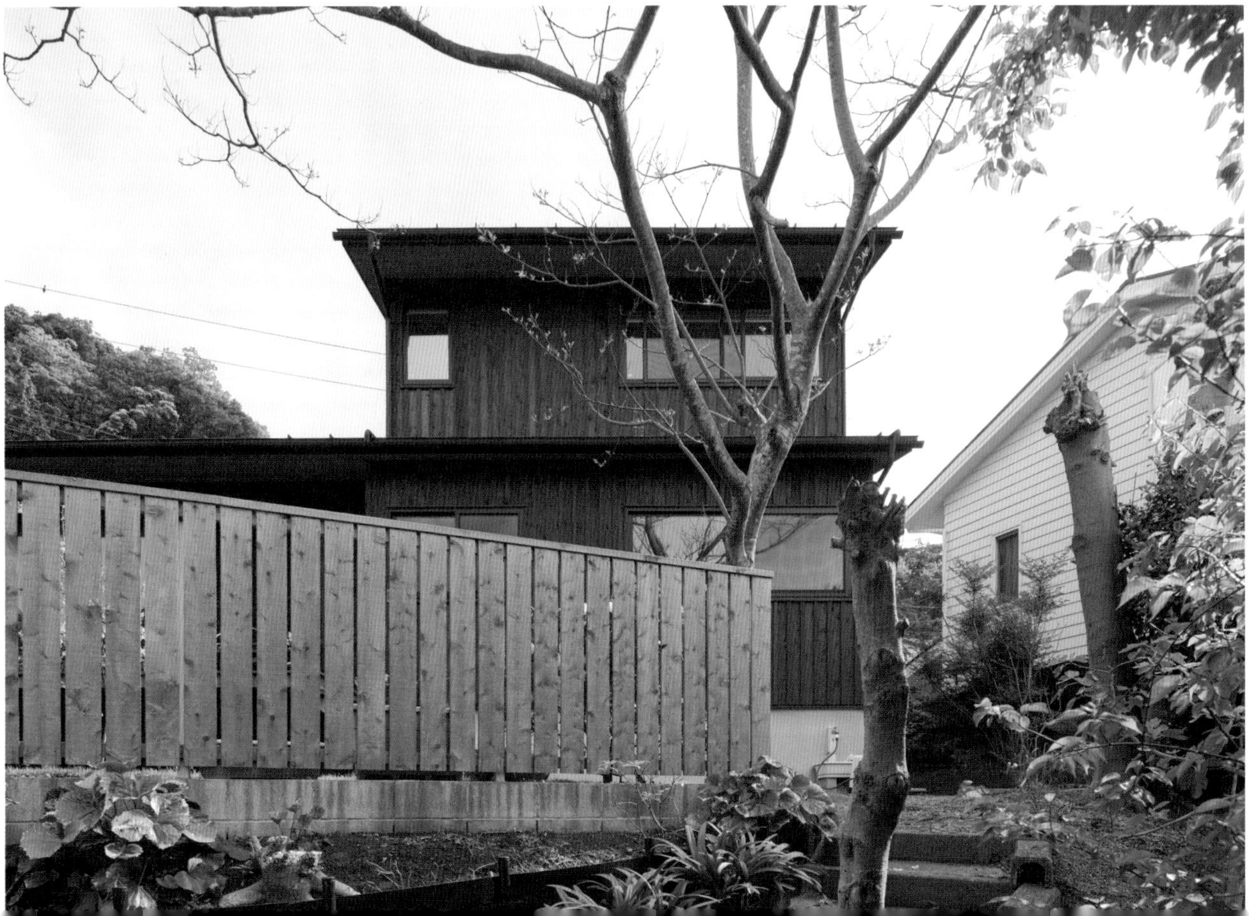

上／南側の道路から見た葉山F邸の外観。傾斜のある敷地だが、建物にアプローチ、室内の床、デッキテラスの高さは南側の高さにそろえられている
下／北側の道路から建物に向かう階段からの外観。敷地は北側の道路に向かってかなりの急勾配となっている

続いての事例も「Y邸」の建つ逗子市と同様、自然豊かな神奈川県葉山町に建つ住宅。海からやや離れた山の斜面にある住宅地で、敷地内でも大きな傾斜がみられる。建て主は海外生活の長い男性で、釣りやサイクリングなどが趣味。老後の生活を過ごすために、あらゆる意味でバリアフリーな日常を過ごせる空間を要望した。

　したがって、2階建てにはしているものの、LDKや寝室、浴室などの部屋は1階にまとめ、2階には海外に住んでいる家族が宿泊するための部屋を設けた。また、駐車スペース、アプローチ、デッキテラス、玄関、居室といった場所の床をほぼフラットにして、段差なく移動できるようにしている。

　庭は、玄関など南側道路と接する正面側では既存の樹木を剪定する程度に収め、室内から眺める北側では、既存のネムノキのほかに、ジュンベリー、ヒメユズリハなどの高木、ユズ、シャクナゲなどの低木や宿根草を植えた。

北側の庭。右手に建物のデッキテラス、左側に北側の道路に通じる階段が見える。中央に見えるのは周囲の住宅や道路からの視線をほどよく遮る板塀

葉山F邸

所在地	神奈川県三浦郡葉山町
居住者	1人
構造	木造2階建て（在来構法）
敷地面積	338.97㎡
1階床面積	83.22㎡（25.12坪）
2階床面積	44.92㎡（13.56坪）
延床面積	128.14㎡（38.68坪）
竣工年月	2015年6月
設計・施工・造園	キリガヤ

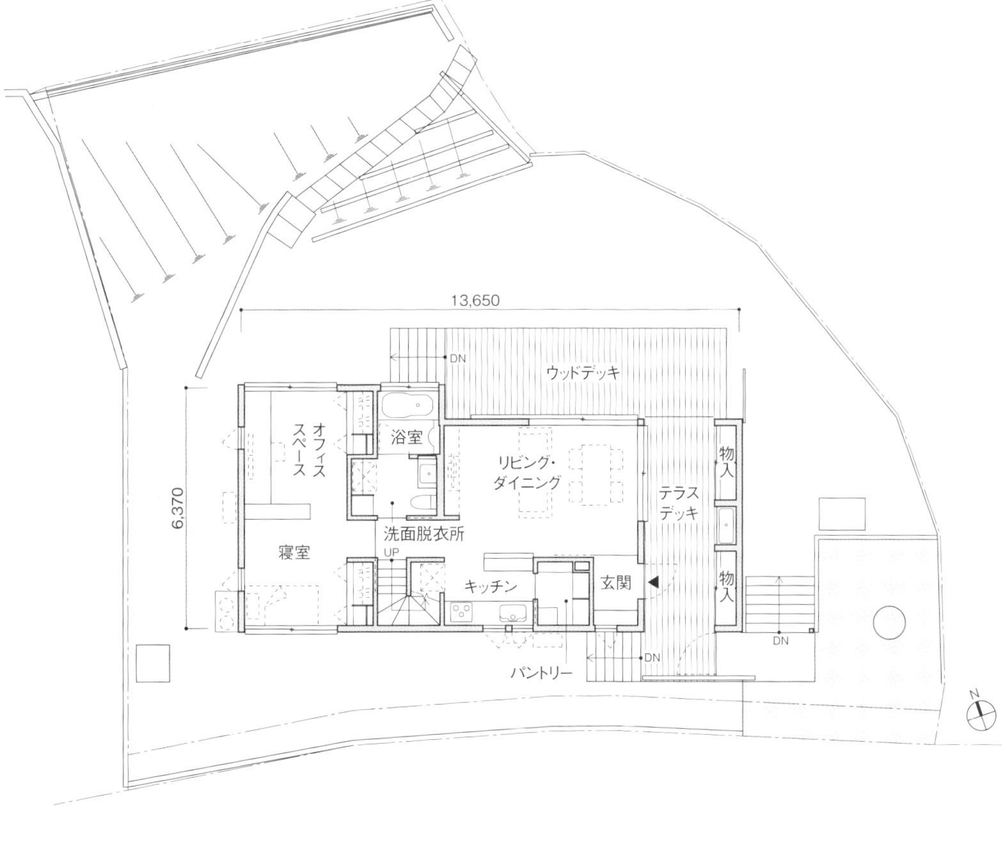

葉山F邸配置図 S＝1：200

7 趣味のスペースとして広めのデッキをつくる

デッキテラスはセカンドリビングや庭への動線となるほか、スポーツサイクルのためのスペースとして使われる。また、デッキテラスの玄関側の屋根の下には、釣ってきた魚をさばくためのシンクや、釣りなどの趣味の道具を収納できる物置が設置されており、屋根のある作業場としても機能する。

葉山F邸のリビング・ダイニング。周囲を大きなデッキ床が囲んでおり、建具を引き込むことで、大きなリビング・ダイニング空間となる

リビングの脇、デッキ材仕上げの廊下に設けられたシンクと物置。魚をさばくには外にシンクがあると便利である

北庭の東側からデッキを見る。デッキには普段からツーリング用の自転車が置かれており、メンテナンスなどもこの場所で行っている

北庭の西側からデッキを見る。デッキと庭とは階段でつながる。手前の存在感のある幹は既存のネムノキ

リビング脇のデッキ材で仕上げられた廊下。玄関から入ると、この写真のように廊下の先に北庭の緑が見える。デッキ材は南洋材のイタウバ

北庭に植えられた植栽。右からヒメユズリハ、コハウチワカエデ、ジューンベリー(白い花)。左は傾斜面に設けられた家庭菜園

8 手間をかけず、実用を兼ねた植物を植える

釣りなどの趣味だけでなく敷地に家庭菜園を設置するなど「食」に関心のある建て主であったので、新規の植栽にはジュンベリー、ユズ、ブルーベリー、イチジク、キンカンなど食用の実のなる樹木が選ばれている。これらは花が咲き、香りもあり、比較的手間がかからないため、多くの庭で使われている。なお、これらの樹木は眺望のよい北側の庭に植えられており、成長した数年後には葉山の景色と一体となったより美しい姿を見せてくれると思われる。

9 傾斜した敷地を生かして、眺望を制御する

敷地は南から北側に向かって急な傾斜があり、結果として北側は葉山の山や海を一望することができるため、リビングの北面に大きな引込み窓を設けている。一方で周囲の住宅からの視線を緩やかに遮るために、窓の高さに合わせて低木や板塀などが設けられている。

北庭の端で周囲の視線を遮る板塀。角形鋼管の支柱と無垢板で製作されている

ダイニングから北庭、その先の景色を見る。板塀により周囲の家からの視線が遮られているのが分かる。遠方には葉山の山々が見える

暮らしを豊かにする
庭からのプランニング

撮影＝水谷綾子　設計・施工＝扇建築工房

客間から中庭、ダイニングを見る。コの字形の建物に囲まれた広いウッドデッキは、大人数が集まる場となるほか、各部屋から移動する際の動線としても機能する

1 豊かな中庭をもつセミコートハウス

浜松市郊外に建つ住宅の建替えである。敷地周辺には緑地もあり、自然に恵まれているが、南側で比較的交通量の多い道路と接しているため、既存住宅の南側の窓は常にカーテンを閉めっぱなしの状態であった。

また、夫婦と中高生（現在は大学生）の2人の子供のための住宅であったため、親子間である程度独立性のある間取りが求められ、将来を見越してある程度大きな駐車場も必要とされた。また、建築主は計画以前は庭や植栽に関心がなかったが、扇建築工房の住宅の庭、特に荻野寿也さんの手がけた庭に興味をもち、最終的には荻野さんに造園計画をお願いすることになった。

さまざまな条件を踏まえた結果、道路に対しては閉じて、中庭に向かって開くコートハウスのプランに決定。中庭に大きなデッキを設け、各部屋間を移動するための動線や、

2階から中庭を見る。その先に見える屋根の下に客間・玄関があり、そのさらに向こうの道路側に植えられた木々も見えている

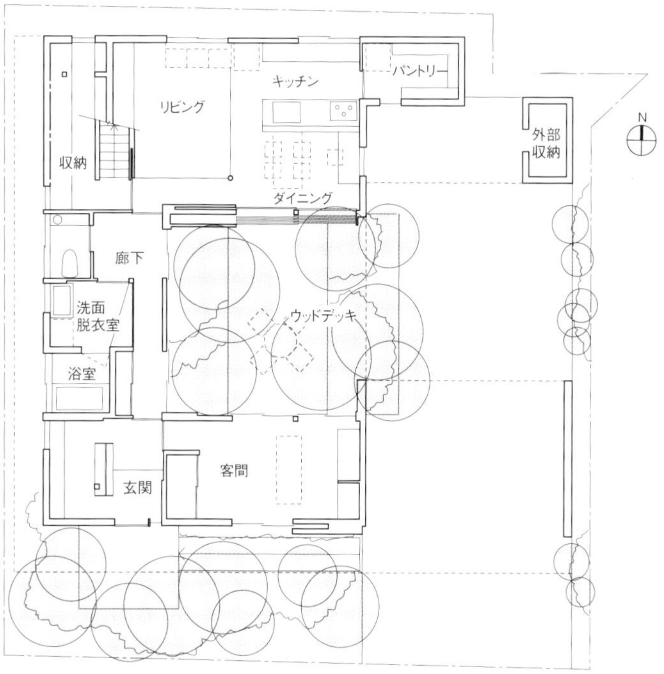

伊左地の家配置図 S=1：200

伊左地の家

所在地	静岡県浜松市
居住者	夫婦
構造	木造2階建て（在来構法）
敷地面積	276㎡
1階床面積	87㎡
2階床面積	39㎡
延床面積	126㎡
竣工年月	2014年2月
設計・施工	（有）扇建築工房
造園	荻野寿也景観設計

伊佐地の家外観。道路に面して植栽が植えられ、家全体をほどよく覆っている

家族や仲間が集まる場として機能させた。ただし、外部に対して完全に閉じた中庭とするのではなく、住宅をコの字形で計画し一部は外側に開くことで、光や風などを中庭から室内に取り込めるようにした。もちろん、中庭の開いた部分には植栽を設け、外部からの視線を緩やかに遮っている。

アオダモやカエデなど明るい色合いの葉で、あまり大きくならない樹木を中心に植栽を構成し、周囲にはツツジ、シャリンバイなどの中低木、足元には黒くごつごつした鳥海石、色味豊かな矢作川の砂利などを配置した。竣工後、建築主はこの中庭や建物周辺の植栽を気に入り、いまでは植栽をまめに手入れするだけでなく、新たな草花なども植えており、より豊かな外部空間となっている。

ダイニングから中庭、客間を見る。中庭にはカエデのほかさまざまな木々や下草が植えられており、家に居ながらにして林の中にいるかのような心地よさに包まれる

道路側の前庭と駐車場からのアプローチ。駐車場で車を降りて、木々の間を抜けて玄関に向かうイメージ

駐車場から中庭、その先のダイニングを見る。中庭は駐車場側に開いており、その間の植栽が緩やかに駐車場側からの視線を遮っている

2 街に緑を提供しつつ緩やかに遮る

この住宅では道路と建物の間に細長い庭を設け、そこにかなりのボリュームで樹木や草花を植えている。その理由はいくつかあり、近隣にも緑を提供すること、道路と建物を緩やかに遮ること、そして建物が放つ威圧感を緑によってやわらげることである。

近隣への緑の提供は、地域の景観やそこに住む人々の心を豊かにする。また道路と建物を植栽で遮ることで、住まい手は心理的な安心感を得られ、道路側の窓や玄関を自然と開けるようになって、気持ちそのものも外側に向かう。建物の垂直のライン、無機質な外壁、基礎を植栽で隠せば、構造物としての硬質な印象を和らげる。

アプローチとして、駐車場から建物に沿って玄関に向かう動線と、道路から直接向かう動線の2経路が設けられており、駐車場からの動線はたたきで仕上げたものとする一方、道路からの動線は鳥海石を踏み石とした階段としている。

右／駐車場からのアプローチ以外にも、道路から直接玄関脇の自然石の階段を上ってアプローチできる
中央／駐車場奥の外部収納（右）と勝手口（左）。奥の隣地との境界にも植栽が見られる
左／ビルトインの駐車場の壁と隣地境界にも植栽。壁の際を隠して、建物の硬質な印象をやわらげている

3 雨が流れ込むのを防ぐ敷地の工夫

続いての事例は、磐田市の北側に位置する周智郡森町に建つ住宅の建替えである。建築主は子育てを終えた夫婦で、農業を営む親世帯との同居用の住まいとして計画された。敷地の東側に所有する田畑が広がり、西側には道路をはさんで山を背負っている。さらに敷地は道路から一段低い場所にあるため、雨の多い季節などは山からの水が敷地に流れ込み、常にじめじめとしていた。

そこで、敷地を道路の勾配なりに盛土して造成し、雨水が道路を越えて敷地内に流れ込まないようにした。また、敷地の一部に流れ込んだ雨水が敷地全体に広がらないように、道路と建物の間に渓流の景色をつくり上げ、そこに水を流す排水計画とした。玄関へはこの川を渡りながらアプローチする。

住宅は、敷地の勾配を生かして3つの小さな平屋に分棟、両世帯が共用する中央棟、ゲストルームを設けた北棟、東屋として機能する南棟となった。中央棟には、LDKや浴室、洗面・脱衣室、玄関などの共有スペースを集中させ、常に家族が中央棟に集うように工夫。一方で北棟は、子世帯の寝室を中心としたシンプルな間取りとした。

すべての建物は東側の田畑に開き、その美しい景色を眺めながら、家族や親戚、隣人などと心地よく過ごせる居場所となっている。

豊かな景色や庭の木々を室内に取り込む

北棟から庭を見る。植栽は建物近くに配置されているのがよく分かる。この窓から見えるのは、アカシデ、カエデ、ドウダンツツジなどの木々

中央棟から庭、その先の田畑を見る。眺望を優先して、田畑との境界線には植栽をあまり配置していない

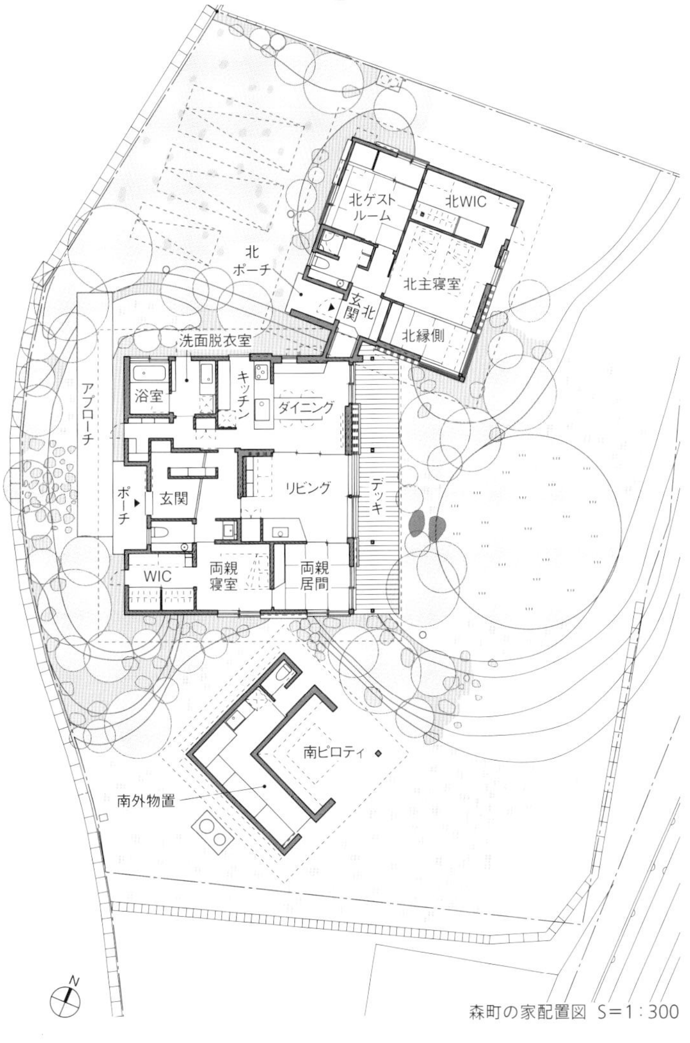

森町の家配置図 S=1:300

森町の家

所在地	静岡県周智郡森町
居住者	親夫婦＋子夫婦
構造	木造平屋（在来構法）
敷地面積	780.08㎡（235.50坪）
建築面積	197.09m（59.50坪）
延床面積	169.05㎡（51.03坪）
竣工年月	2016年8月
設計・施工	（有）扇建築工房
造園	（株）fan landscape

南棟から庭を見る。南棟は外物置の機能のほか、半屋外の人が集まる場所として使われる。通年利用できるようにいろりを設えている

周囲の田畑や山の風景を庭に取り込む

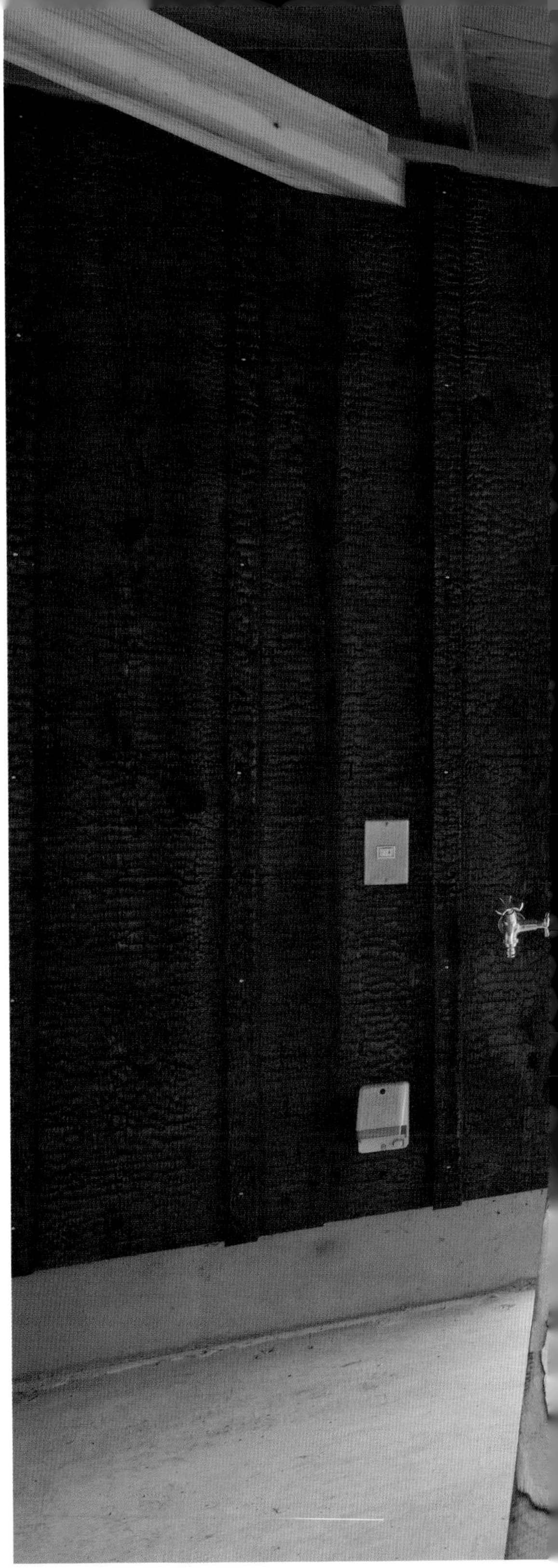

駐車場からコンクリート洗い出しのアプローチを通って玄関に向かう。道路とアプローチの間には、シダなどの下草や苔、アオハダ・ヤマボウシ・ナナカマドなど木々などが植えられている

右から順番に、玄関土間、道路側の庭に設けられた雨水を流す溝、外壁に使われた扇建築工房で製作している焼き杉、軒先の樋を省略した代わりに地面に設置された石の雨水受け、庭に設置された静岡県産の三ケ日石

前面道路から庭、ダイニングを見る。室内にいながら林の中にいるかのように感じられる庭には、ヤマモミジ、ハクサンボウなどの木や、フッキソウ、シランなどの下草が植えられている

庭が演出する家族団らんの心地よい暮らし

最後の事例は、袋井市に建つ住宅である。建築主は子育て世代の夫婦。ＬＤＫと勉強コーナーで構成される空間に、夫婦と子供の寝室が付随するというシンプルな平屋の間取りの住宅となっている。

道路を挟んだ向かいが夫婦の親世帯の住まいであり、そこを訪れる人や車からの視線を玄関のアプローチに沿って設けられたコンクリートの

4 親世帯とつながる庭とデッキテラス

子供たちの勉強コーナーから庭を見る。RC造の壁が道路を通る人や周囲の住宅からの視線を遮る。壁際には植栽を配置し、RCの硬い印象をやわらげている

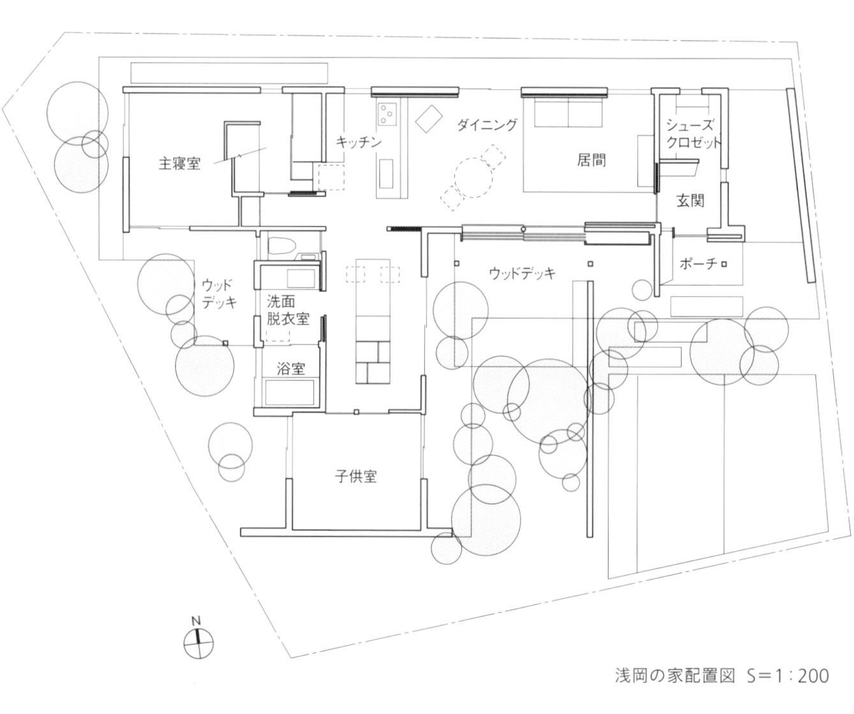

浅岡の家配置図 S＝1：200

浅岡の家

所在地	静岡県袋井市
居住者	夫婦＋子供2人
構造	木造平屋（在来構法）
敷地面積	289㎡
1階床面積	100㎡
竣工年月	2015年3月
設計・施工	（有）扇建築工房
造園	（株）fan landscape

塀で遮りながら、目の前の親世帯側には塀を設けずにリビングからそのまま開くという外構計画とした。
　また、リビングの前に設けられた大きなデッキテラスは、親世帯の家から直接眺められ、また上がることができ、建築主家族と親世帯をつなぐ団らんの場所となっている。

居間からウッドデッキ、庭を見る。道路の向かいに見えるのは建築主の両親の家

ウッドデッキから小上がりのある居間を見る。デッキの脇にはベンチが設けられている

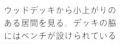

5 庭を豊かにするこまやかな工夫

外回りのこまやかな工夫も庭づくりには欠かせない。この住宅では、バックヤードに小さな縁側を設けて物干し場にしたり、建物の一部をくり抜いてビルトインの自転車置き場兼外物置を設けたりしている。そのほか、玄関脇の造作ベンチや、堅樋の代わりに鎖を水鉢に垂らして代用するなど、さまざまなアイデアを盛り込んだ。

右から玄関脇に設けられた自転車置き場、玄関ポーチと造付けのベンチ、バックヤードのバルコニーと造付けの物干し。左上は堅樋の代用として鎖を水鉢に垂らしたもの

chapter

2

外観のモダンデザイン設計術

和モダン、シンプルモダン、南欧風、北欧風など好みの
デザインスタイルに合わせて外観をデザインする手法を解説する。
また、美しい外壁や屋根を構成する材料の選び方や、
外壁や屋根の美観を維持するためのメンテナンス手法についても紹介する。

和モダンは、「木の使い方」で決まる

和モダンは、「木の使い方」で和をどう表現するかがポイントになる。
格子や植栽を使って、効果的に和をデザインすることが重要だ。

撮影＝水谷綾子

設計・施工：扇建築工房

和モダンは、日本旧来の数奇屋や町家、民家などのデザインを、西洋のデザイン概念であるモダンデザイン（モダニズム）と融合させたもの。装飾を抑えたシンプルなデザインながらも、切妻屋根などに代表される日本の伝統的な家のかたちや、木材、左官などの材料をうまく取り込んでいるため、日本の風土や町並みに馴染む、万人向けのデザインといえる。

最大の特徴は「木」の使い方である。シンプルモダンと和モダンは、モダンデザインに根ざしているため、設計の仕方によっては似通ったデザインになりやすいが、この点で大きく違う。同じような形状や素材でつくられていても、木でつくられた格子が建物に取り付くだけで、和の雰囲気が強調される。また、外壁の羽目板張りや真壁（もしくは真壁風の造作）も和の雰囲気を強調する。

木の使い方という意味では、植栽も重要だ。日本の伝統的な樹種で比較的幹が細く、樹形も縦長のものなどを部分的に植えるだけで、和の印象が強調される。

とはいえ、和を印象付けるのはそう難しいことではない。より重要なのはモダンであるということ。シンプルな形状や材料選びにこだわることが何よりも重要である。

和モダンの外観デザインテクニック10

この住宅がいかにして洗練された和風のデザインを成立させているのか、
10のテクニックを紹介しながら、そのポイントを解説する。

01 軒裏は化粧野地が原則

軒裏は原則として化粧野地がよい。木製野地板が和の表情をつくる。なお化粧野地に厚さ40㎜の板を使用することで準防火地域での施工も可能となる

02 階高を低く抑える

階高を抑えて建物を低くすると、建物のプロポーションが格段に向上する。特に勾配屋根の場合は、2階窓の内法高さと軒先高さを揃えることで、間の抜けた顔のようにならない

03 彫の深さが表情をつくる

軒下空間の生み出す陰影がデザイン要素になる和モダンでは、彫の深い外観を心掛けたい。ベランダを外壁面の内に入れて軒の深さを2倍にしたり、車庫や玄関ポーチを1階部分に組み込んで、陰影を出すと効果的だ

04 板張りの外壁とする

板張りは和の雰囲気をつくり出す。本実張り、ドイツ下見板張りのような凹凸のない羽目板張りとするのがポイント。外壁を塗装や左官仕上げとする場合でも、玄関戸や雨戸の戸袋、面格子などに木材を使うようにしたい

06 勾配は3～4寸で

屋根は勾配が急だと田舎屋風、少し緩くすれば京町家風、緩勾配なら和の色は弱まる。モダンに見せるのであれば3～4寸程度がよい。また、和モダンは切妻が基本だが、寄棟で軒の水平線を強調するのもよい

05 色はモノトーン+茶系

和モダンでは日本建築に伝統的に使われている色がベースとなる。瓦や墨などの黒・グレー系、漆喰などに代表される白などのモノトーン、木材、土などの茶系で色調を整えていきたい。

09 軒先は薄くみせる

軽快感を出しモダンに見せるためには、垂木先端を小さく落としてシャープに見せるとよい。軒先はそのままでも、破風先端を薄くすることで屋根全体を薄く見せられる

10 植栽で和を表現する

日本建築は、建物と庭とが切り離せない「庭屋一如」という関係にある。よって植栽は、和を表現するうえで欠かせない要素である。ここでは写真にあるようにアオダモやカエデ、ツツジ、シャリンバイなどが植えられている

08 塗り壁調の外壁とする

和の家の外壁には塗り仕上げや吹付け仕上げが合う。乾式のサイディング下地の場合、継目を弾性パテで埋めて目地を消し、その上から塗装して塗り壁調に見せたい

07 窓の使い方に留意する

引違い窓は人の出入りや通風において有効な「和」の開口部であるが、時に召し合せの框がうるさく感じられる。ガラス面を大きく見せるサッシの使い方を心掛け、4枚障子よりは2枚、2枚よりは1枚としたい。引違いだけでなく横すべり出し窓なども採用する

和のイメージを組み込む方法

和風は世代を問わず根強い人気があり、外観に和のイメージを求められることは今も多い。
現代的な雰囲気を保ちながら、自然に和風の雰囲気を醸し出す手法について、
大島健二氏（OCM一級建築士事務所）の作例を見ながら解説する。

軒下空間を整える5つの手法

軒下や土庇の下の空間は和を想起させる要素の1つ。
軒下の構成要素によって雰囲気は大きく変わる。

軒の高さは2,100mm程度に抑える

玄関扉は引き分けの格子戸とする

ポーチは瓦風のタイルを、禅寺で用いられる四半敷きにする

硬い印象の四半敷きに対応させ、縁石には御影石を用いる

雨樋は設けずに軒先のラインを生かす

4寸角を列柱のように配置することで寺院の回廊のような空間になる

雨落ち溝を設けて、雨水を浸透させる

「大井松田の家」のファサード。低く抑えた軒下にさまざまな意匠を凝らしている

TECH 1

軒下空間の素材と納まり

軒下空間に用いる素材や納まりは機能性や建物の格式などに配慮して決定される。

回廊のポーチの空間

軒を支える柱が並ぶことで寺院の回廊のような雰囲気を醸し出している

「固い」素材どうしをぶつける

禅宗という「固い」宗派が用いる四半敷きに合わせ、縁石などにも「固い」御影石を用いた

軒高を抑え、基礎を見せない配慮

軒高は2,100㎜に抑えている。また庭からポーチにかけて土盛りして建物付近のレベルを上げている

TECH 2

軒先の高さを抑える

ファサード側の軒高を2,100㎜程度に抑ることを前提に、勾配や建物高さを調整する。

大井松田の家

矩計図（S＝1：60）

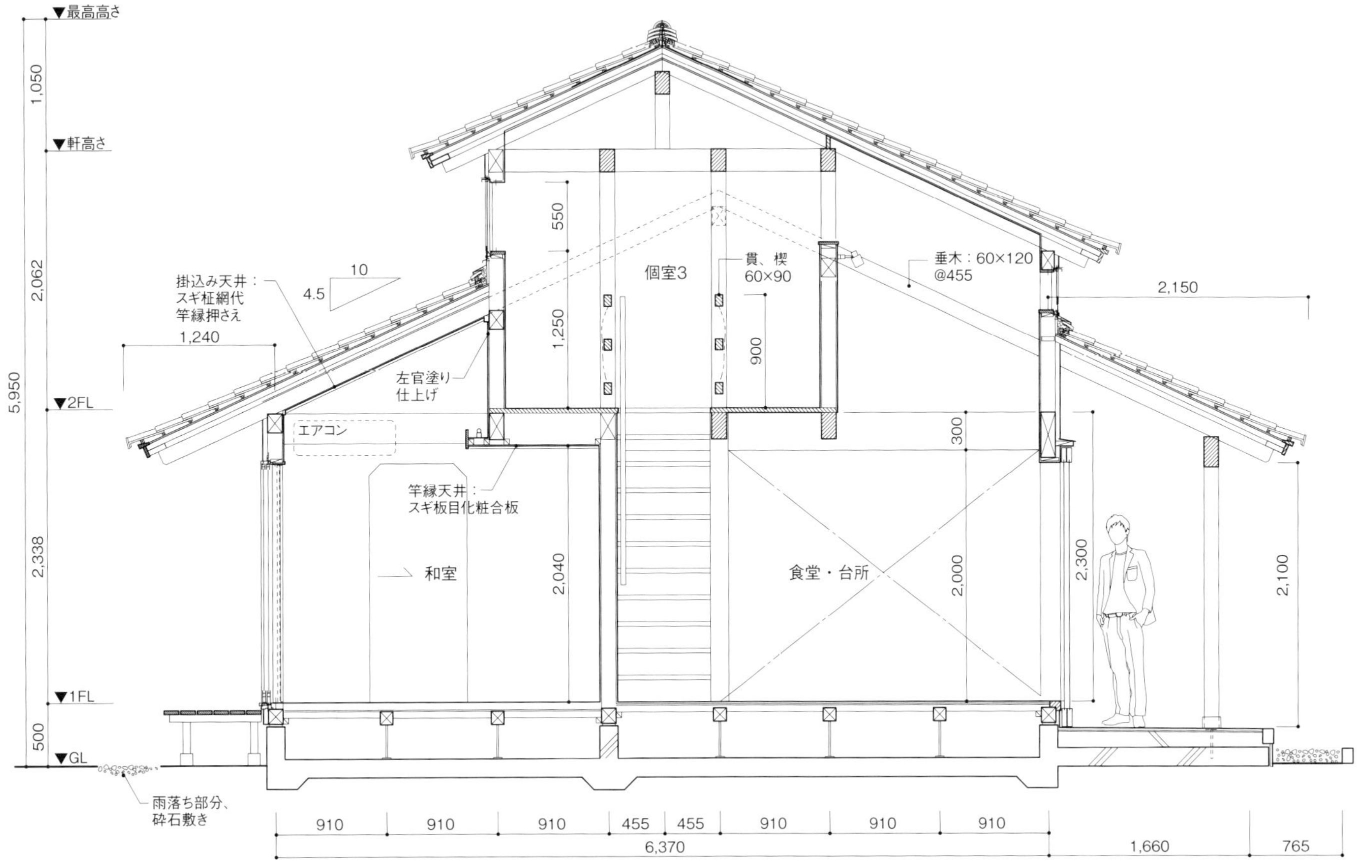

TECH 3

庭と床の高さを調整する

庭→アプローチ→敷石→ポーチ→床と、徐々に高さを上げげると、建物と地面が視覚的に馴染む。

大井松田の家

1階平面図（S＝1：150）

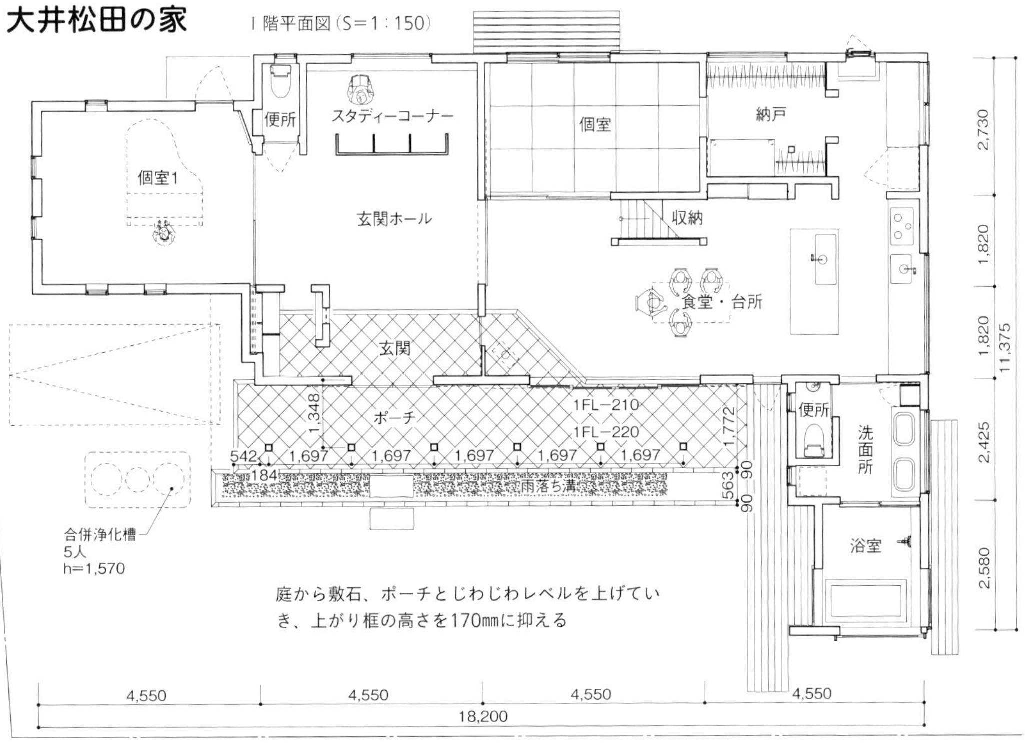

庭から敷石、ポーチとじわじわレベルを上げていき、上がり框の高さを170㎜に抑える

縁石→ポーチでレベル調整

縁石→敷石→四半敷きのタイル（ポーチ）部分でもじわじわと高さを上げる

ポーチと玄関土間はゾロで

40㎜の段差がすっきりと見えるように玄関ポーチと玄関土間の框は真ちゅうのFBとした

TECH 4

軒下空間に縁側を設える

大きく出た軒の下に長い縁側があるという構図は、自然と和を感じさせる要素の1つである。

下総中山の家

矩計図（S＝1：50）

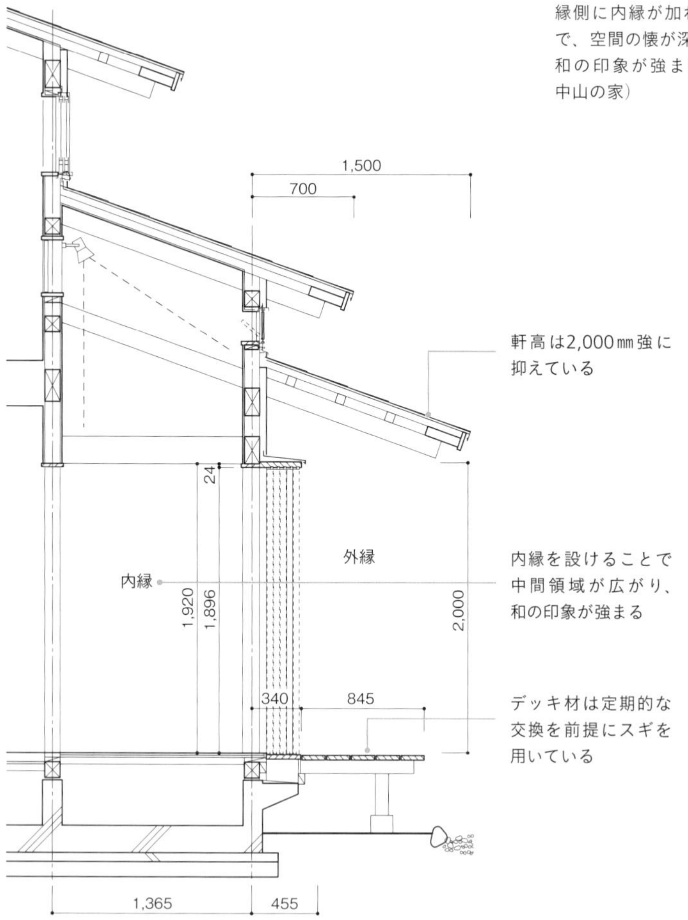

1,500
700
軒高は2,000㎜強に抑えている
24
外縁
内縁
1,920
1,896
2,000
内縁を設けることで中間領域が広がり、和の印象が強まる
340
845
デッキ材は定期的な交換を前提にスギを用いている
1,365
455

大きな軒と長い縁側

縁側に内縁が加わることで、空間の懐が深くなり、和の印象が強まる（下総中山の家）

軒先のラインをきれいに見せる

屋根の水平方向のラインを強調して、高さを感じさせないようにしている（下総中山の家）

TECH 5

現代的な軒下空間の設え

軒下空間＋縁側という構成にすることで、
現代的な意匠の建物にも、そこはかとなく和をにじませる。

軒下＋黒い縁側

箱形のファサードだが、軒の出の存在と黒い縁側により、和の雰囲気が醸し出される

大引跳出しのデッキ

大引を延長し、その上にデッキ材を張って納める。束をなくして現代的な雰囲気にした

佐久の家

断面図（S＝1：50）

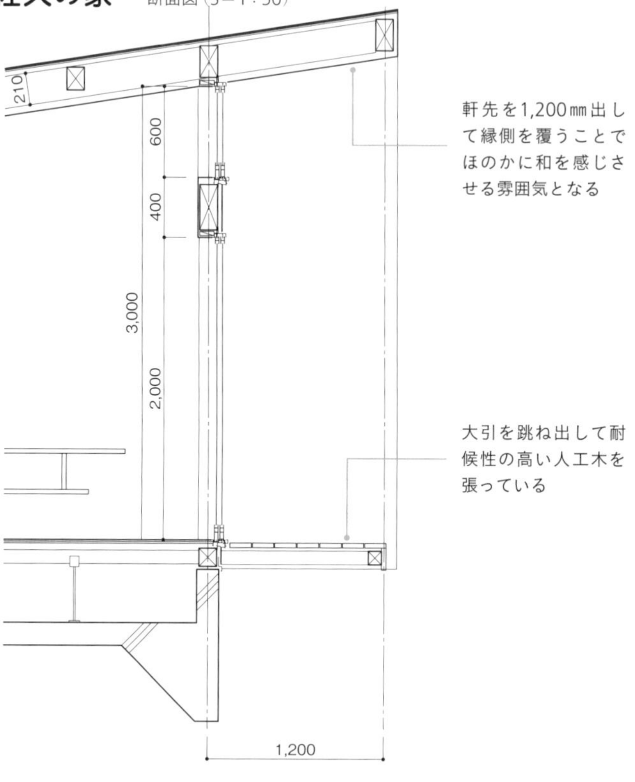

210
600
400
3,000
2,000
軒先を1,200㎜出して縁側を覆うことでほのかに和を感じさせる雰囲気となる
大引を跳ね出して耐候性の高い人工木を張っている
1,200

玄関廻りで和を表現する

玄関は家の顔である。特に和風住宅においては、そうした昔ながらの玄関のあり方や格式などを大事にしながら設計することで、自然と和的な雰囲気が強まってくる。玄関廻りの設えだけではなく、玄関に至るアプローチの配慮も同様に大切である。

玄関扉は道路側から見えにくい位置にもってくる

捨て柱は和を強く印象付ける手法

土留めにはごろ太石を用いる

アプローチをなるべく長く歩かせて、高低差を解消する

目隠しには板塀を用いる

玄関までのアプローチと玄関廻りのしつらえが和を印象づける（上尾の家）

捨て柱、雨落ち溝廻りの納まり。縁石としてごろ太石を用いている

玄関脇にはさりげなく縁台（ベンチ）が設けられている。来客へのもてなしの心を表現

アルミサッシの小窓は竹の竪格子で覆う。上下とも木下地を横に流している

上尾の家 立面図（S＝1：60）

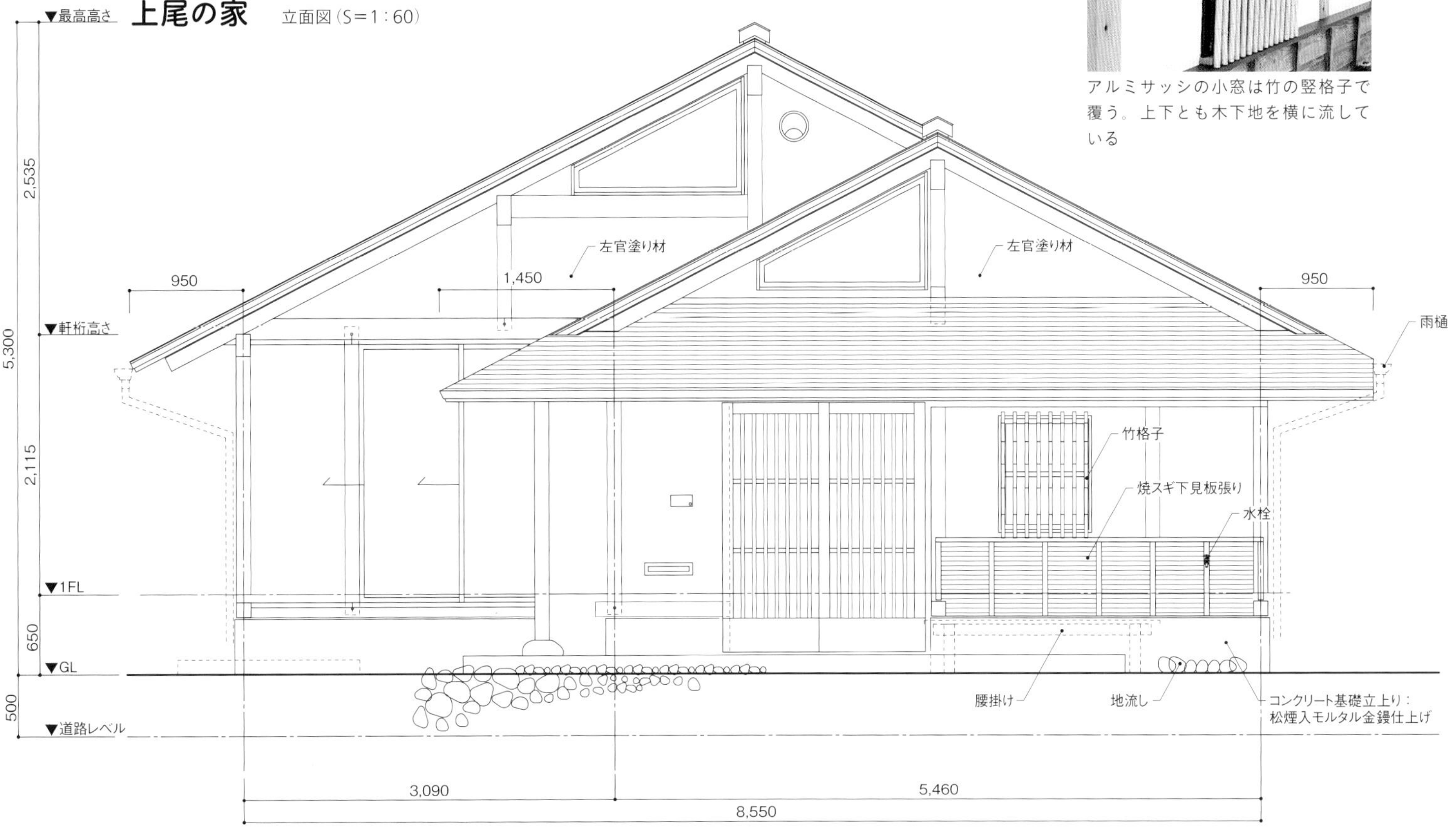

設計・取材協力：OCM一級建築士事務所

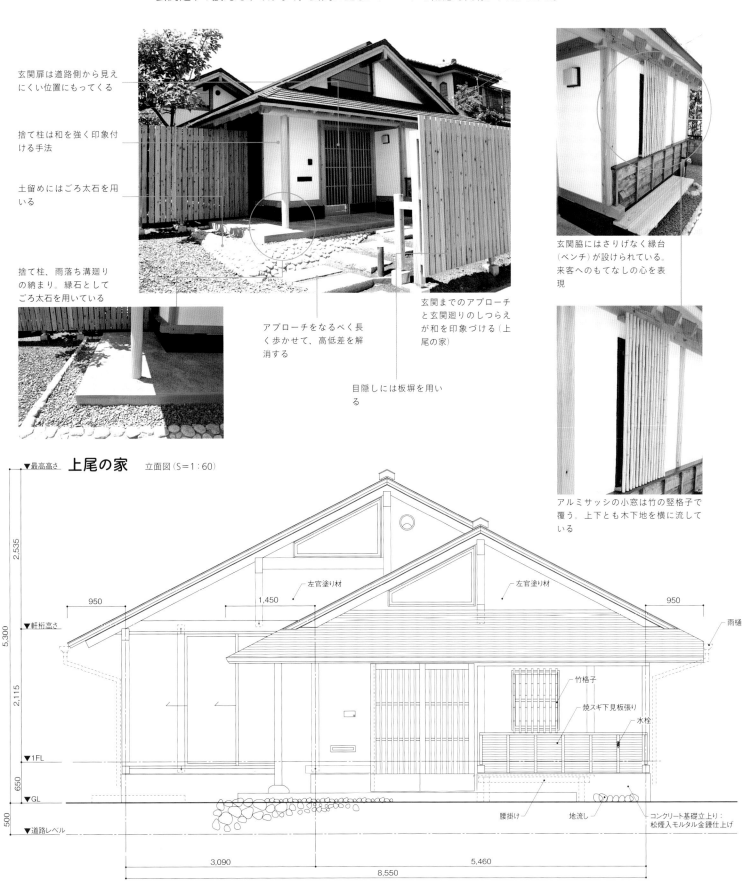

TECH 1

レベルをさりげなく調整する

建物と地面のなじみがよいのが和風建築の特徴の1つ。そのためには外構計画が大切だ。

上尾の家　配置図（S＝1：120）

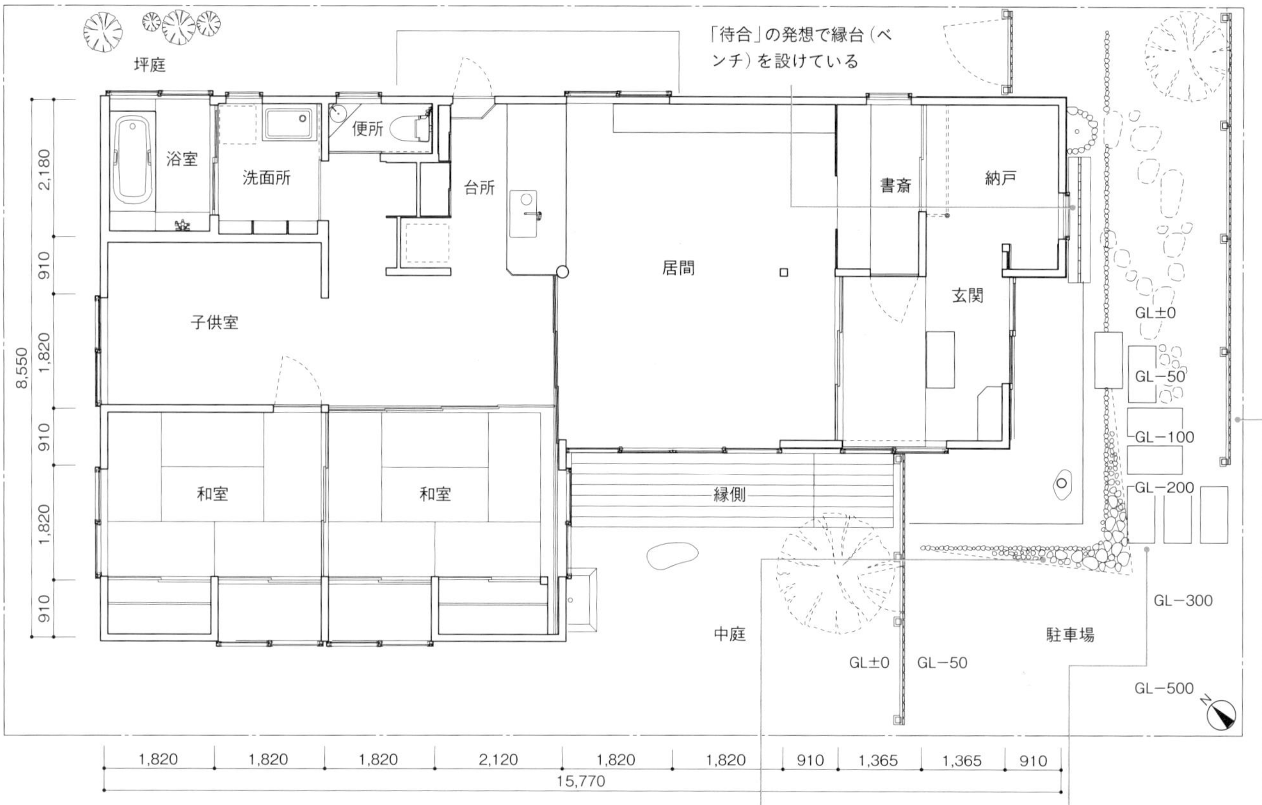

土留めに野面石を用いて和の雰囲気を醸し出す

長く歩かせることで自然に高さを上げていく

玄関が直接見えないように板塀を設ける

玄関前の土留めを施工しているところ。ごろ太石を積んで仕上げている

TECH 2

捨て柱のさまざまな意匠

和を感じさせる意匠の1つが捨て柱。柱の形状と足元の納まりにより印象は大きく変わる。

正角材＋黒御影

スクエアな黒御影に正角の柱を載せている。硬い印象になる

丸柱＋白御影

丸く加工した御影石に磨きの丸柱を載せている。軟らかい印象になる

丸柱＋自然石

自然石に磨きの丸柱をひかり付けている。やや崩した印象となる

TECH 3

玄関建具による和の表現

玄関建具は木製の格子戸となるが、組み方はデザインの方向性でさまざまな意匠が可能である。

竪格子の玄関建具

和風住宅には竪格子の引戸がよくなじむ。足元は銅板を巻いている。

竪格子戸＋欄間の構成

左と同様の格子戸だが、横桟を1本増やし、欄間を組み合わせているため印象が異なる

吹寄せ（2重格子）の玄関建具

吹寄せにすると格式が上がる。もっともこの建具の典拠はカルロ・スカルパの鉄扉

引分けの格子戸

格子戸はもともと商家の扉に多用されていたものだが、枠と格子の見付けをそろえると現代的な表情になる

引分け格子戸でフラットにまとめる

引分け格子戸とすることで、よりフラットで現代的な印象の見え方になる

さまざまな玄関建具（格子戸）のデザイン

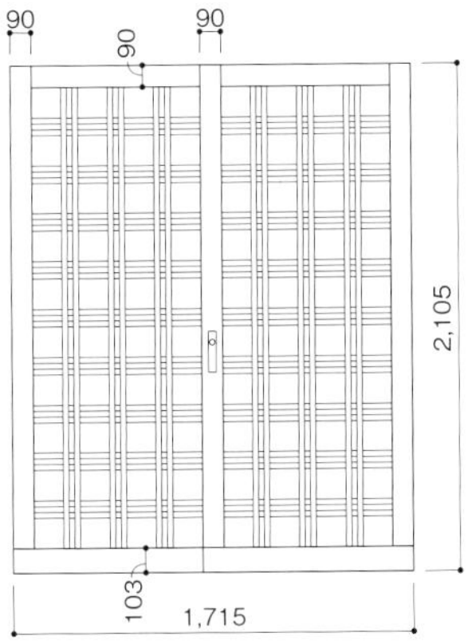

浅草の家・引違い（S=1：50）

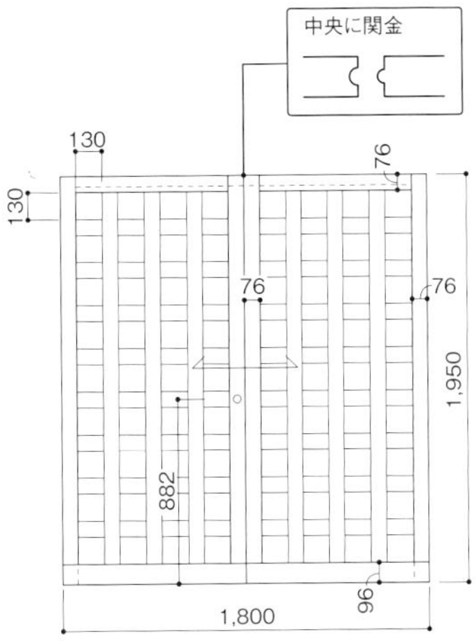

大井松田の家・引分け（S=1：50）

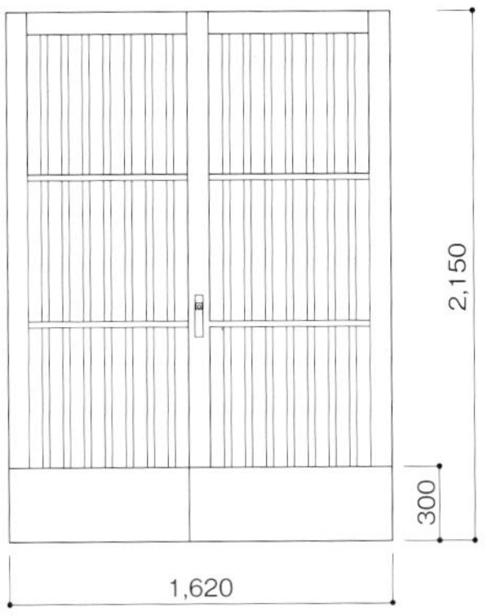

下総中山の家・引違い（S=1：50）

都市型住宅で和を感じさせる

都市型住宅においては、和を感じさせる手法をそのまま用いることは難しい。それでも、軒下的な空間を設けたり、可能な限りセットバックして玄関を奥に配置するなどで、和の雰囲気は醸し出される。さらに和に転ばせる場合はルーバーや仕上げなどで補う。

全面を人工木のルーバーで覆うことでプライバシーを保護するとともに、和の雰囲気を醸し出す

オーバーハングさせ軒下風の空間をつくる

躯体はスギ型枠によるコンクリート打放し

スギ型枠コンクリートと竪格子の対比が和の雰囲気を醸し出す（浅草の家）

隣地との間に防火壁を設けることで木製扉を可能にする

可能な限りセットバックして長く歩かせる

すっきりポールを利用して配線類を整理する

なるべくセットバックした上で軒下風の空間を設け、奥まったところに玄関を配置している

竪ルーバーでファサードを覆う

格子は強く和を感じさせる意匠の1つ。引きを取りにくい都市型住宅では有効な手法である。

全面を竪ルーバーで覆う

全面を竪ルーバーで覆うことでプライバシーを保護しつつ、外観を整える

端部ははみ出させて切り離し

ルーバーは耐候性の高い人工木。躯体より勝たせることでことでシャープな表情となる

ルーバー隙間は50㎜の小間返し

ルーバーの隙間はプライバシー保護と採光、コストなどを勘案すると、50㎜程度に落ち付く

設計・取材協力：OCM一級建築士事務所

浅草の家

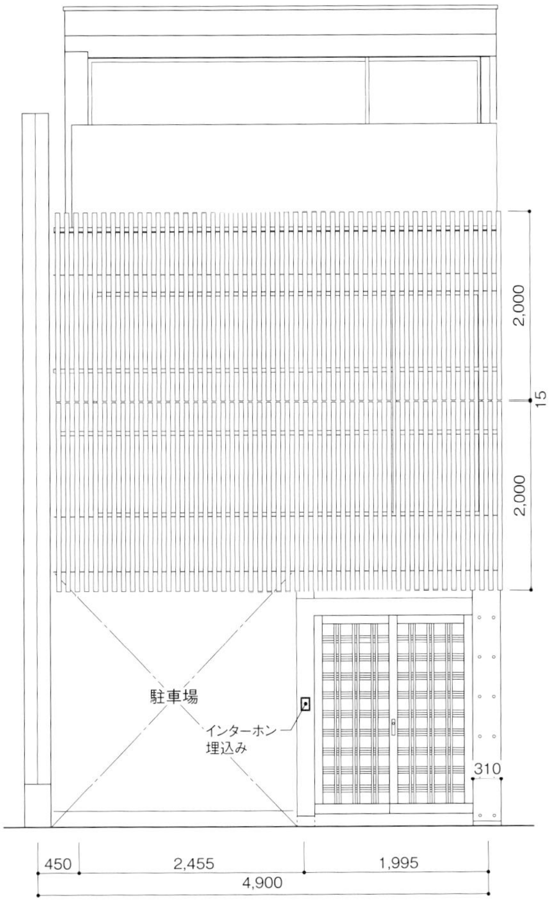

南立面図（S＝1：80）

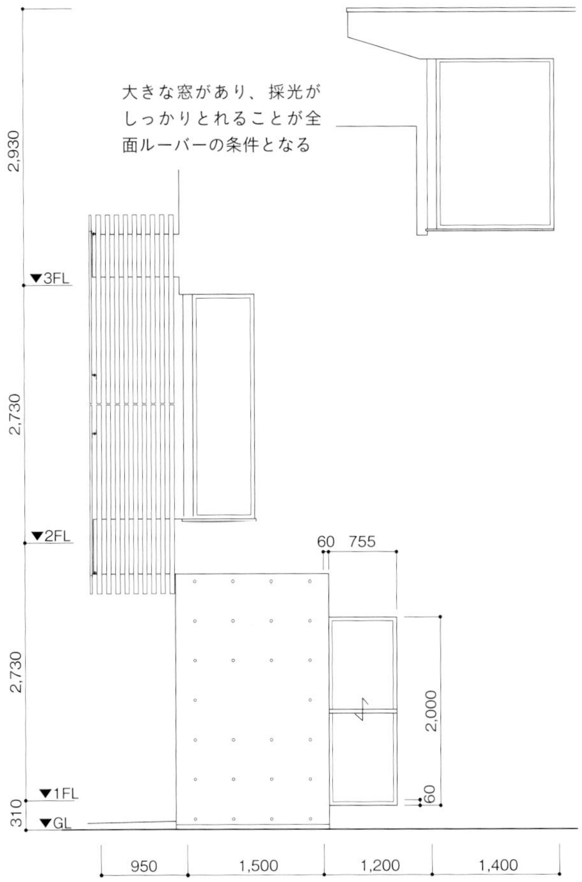

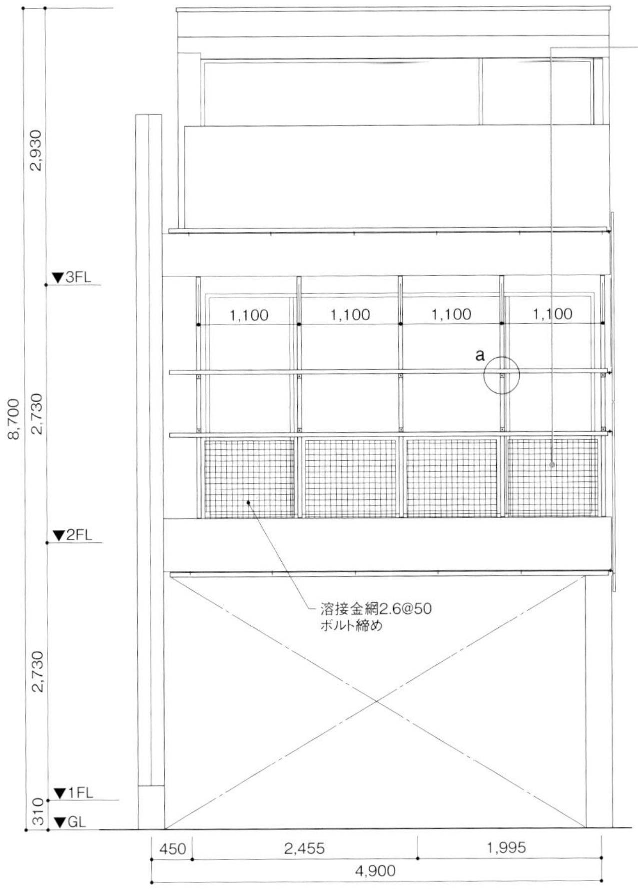

ルーバー下地立面図（S＝1：80）

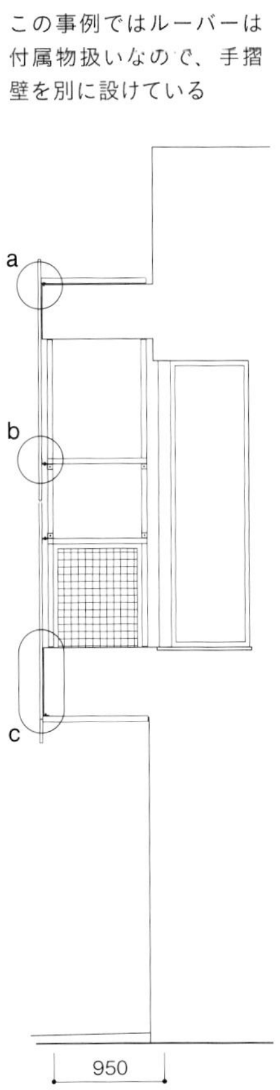

東立面図（S＝1：80）

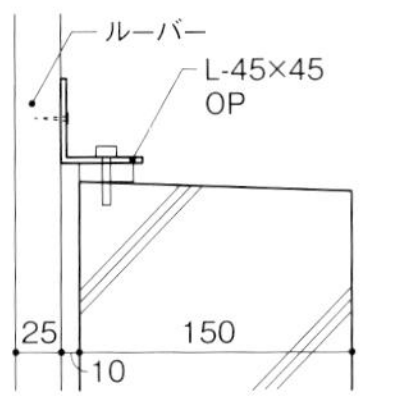

a部ルーバー詳細（S＝1：8）

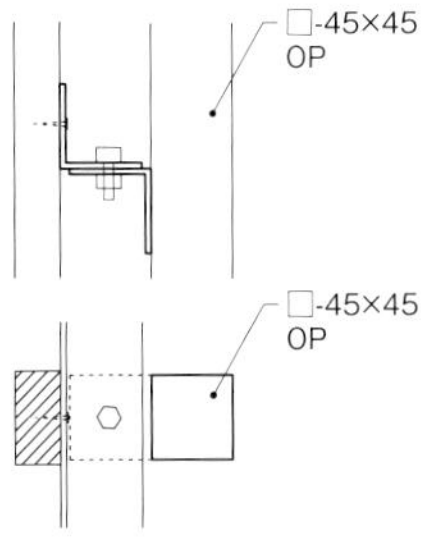

b部ルーバー詳細（S＝1：8）

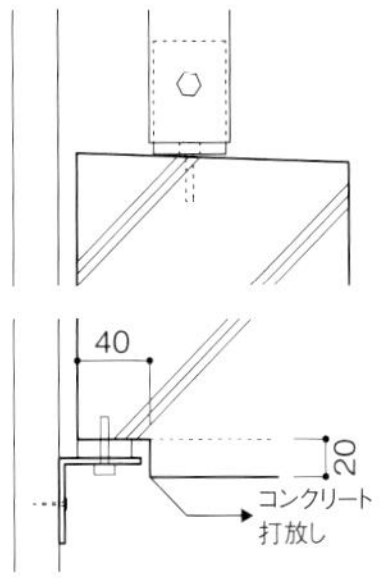

c部ルーバー詳細（S＝1：8）

シンプルモダンは、「隠す」「そろえる」「細くする」

無駄をそぎ落とし、必要最小限のものでデザインする。部材のラインは水平か垂直でそろえること。
真っ白な壁よりも、主張を抑えたオフホワイトなら、幅広い年代に受け入れられる。

撮影＝石井紀久

シンプルモダンの定義については人により意見が分かれるところだが、和の要素があまりなく、単純な線と色で構成された住宅を指すと考えてよい。

外観の設計では、とにかく窓と壁以外の要素はほとんど目立たないように処理して、建物を「塊」のように見せるのがポイントだ。庇や屋根、樋など外壁からはみ出るものを、建材・材料選びから納まり上の工夫に至るまで、細かい点に気を配りながら設計していく必要がある。これでとりあえずシンプルモダン風になるが、外観が完成したわけではない。「単純化」された結果、浮き彫りになる窓の配置や建物の形にも、細心の注意が必要だ。

ジュピターキューブL

設計·施工 フォーセンス
所在地 宮崎県宮崎市
構造 木造軸組構法
建築面積 85.84m^2
延床面積 153.02m^2
価格 2,200万円
（バルコニー工事含む）

シンプルモダンの
外観デザインテクニック9

シンプルモダンでは外観をスクエアに見せるために、
細かいデザインや納まり上の配慮が欠かせない。
ここでは9つの注意すべきポイントを解説する。

02
アクセントのルーバーは細かいラインに

外観にアクセントを設けるなら、金属ルーバーを使って細かく入れる。本例ではバルコニーの目隠しにアルミ製角パイプ40×50㎜を採用している

03 引違い窓を多用しない

引違い窓の障子やクレセントはうるさくなるので、FIX窓やすべり出し窓を用いてガラス面をきれいに見せる

05
開口部のラインはそろえる

玄関を含め、開口部のラインは水平・垂直をそろえる。規則正しく、整然と並んでいることがポイント。本例では、主張しがちな玄関とリビングの開口はそれぞれ1.5、1.0m奥行をもたせて設置

04 壁は白を基調に

基本的には単色で仕上げ、できるだけ壁の面積を広くとる。サイディングを使うときには、目地を目立たなくすること。コーナー部材などの役物の使用はNG。写真は、窯業系サイディング「ドルチェSR／ナチュラルホワイト」(旭トステム外装)。4辺相決り加工されているため、シーリング施工が不要で目地が目立たない(下写真)。表面には親水性があるため汚れ対策も万全である

06 平面の凹凸もナシ

シンプルモダンは、きれいな「面」で見せることが大事。無駄な凹凸は一切排除する

09 笠木も金属&細く

屋根は、陸屋根か片流れがすっきりする。屋根のラインをなぞる笠木は、極力目立たないように

01 サッシ廻りは金属で

庇を含めサッシ廻りの部材には、アルミなどの金属を使う。見えがかりが細くなるように形状と納まりに工夫する

08 雨樋は隠すもしくは目立たせない

どんな家にも必ず取り付ける雨樋。外壁と同系色のものを採用することはもとより、設計上の工夫で隠せるとよい。本例では、バルコニー部分の雨樋は玄関ポーチの壁に隠している

⇒詳細図50頁

屋根部分は、横樋は設けず、四隅をパラペットに囲まれた片流れ屋根の下部の内樋から竪樋につなげている。竪樋には大型建物用の樋を採用し、2本で対応。北側外壁の凹部に納めている

⇒詳細図50頁

07 外構部材もシンプルに

外構部材も極力素材を減らし、外壁の部材と同じ寸法にそろえる。本例の木製ルーバーの見え掛かりはアルミ製ルーバーと同じ40㎜

立面図で見るシンプルモダンの外観

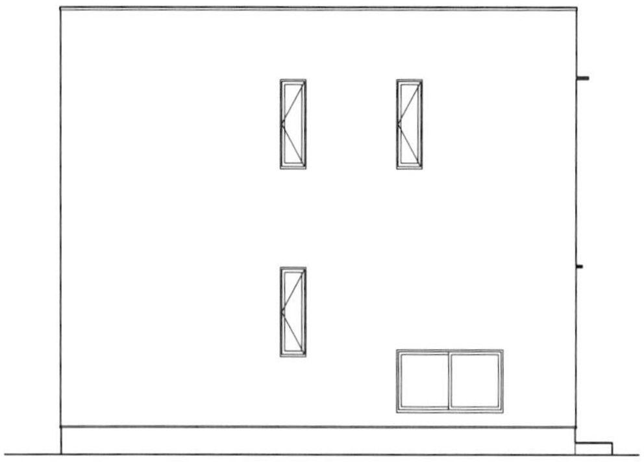

西立面図（S＝1:150）

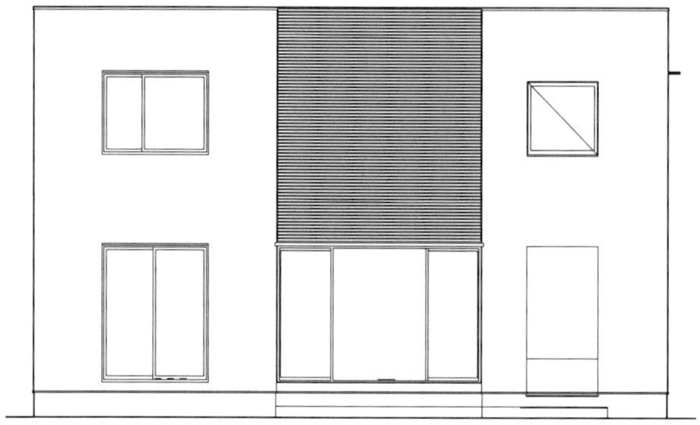

南立面図（S＝1:150）

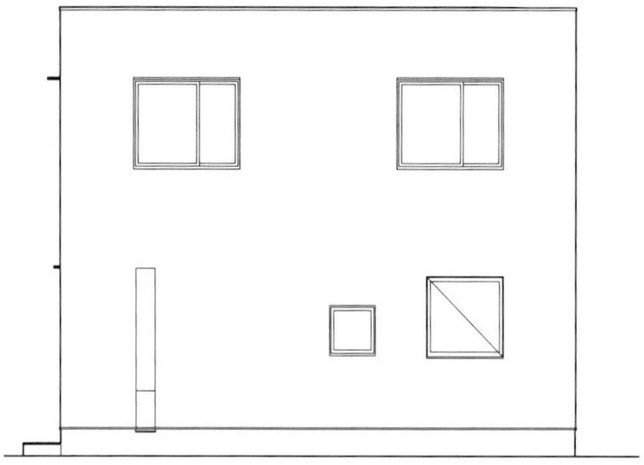

東立面図（S＝1:150）

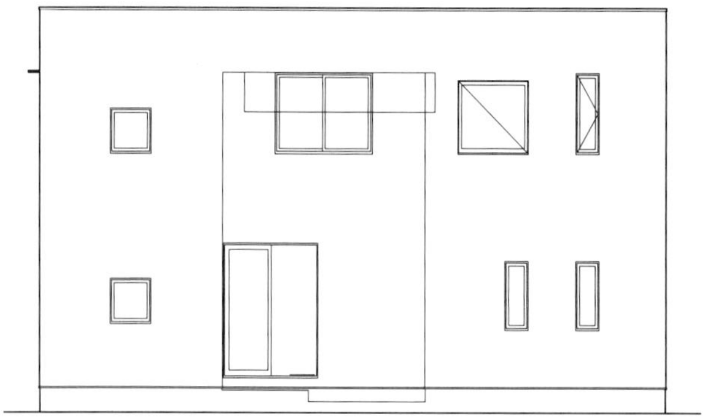

北立面図（S＝1:150）

なんといっても屋根が陸屋根に見えることが重要なポイント。特に窓などデザイン要素が多い場合は、屋根をスクエアに見せることが大事である。
また、和モダンと同様に、壁に対する窓の分量をできるだけ減らすとともに、正方形や縦長・横長の窓が使える個所はできるだけそれらを活用したい。

詳細図で見るシンプルモダンの納まり

外壁内にバルコニーを納める

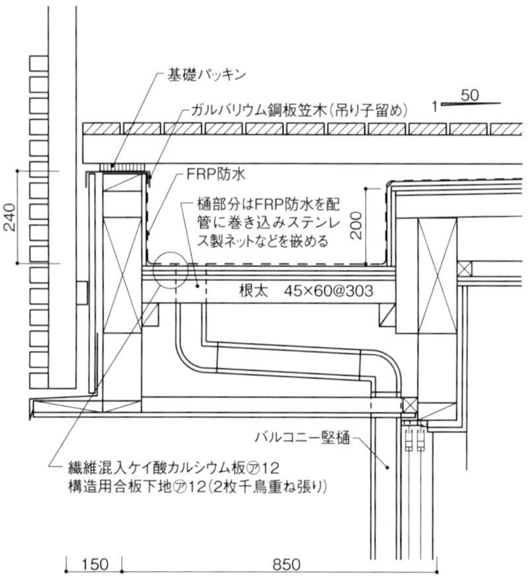

断面詳細図（S＝1：20）

陸屋根に見せるパラペットの納まり

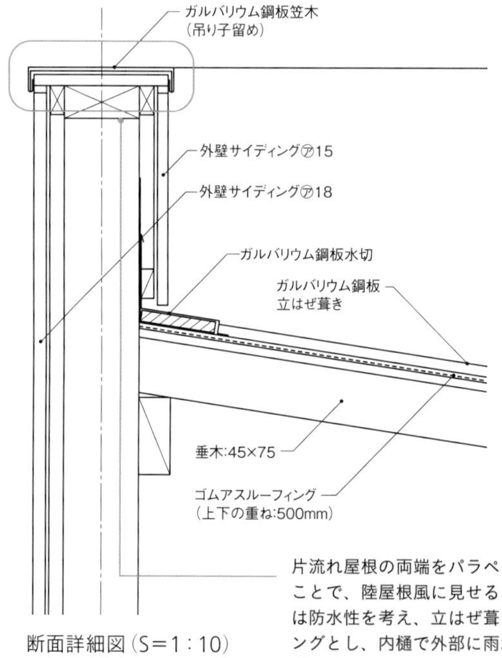

断面詳細図（S＝1：10）

片流れ屋根の両端をパラペットとして立ち上げることで、陸屋根風に見せるようにしている。屋根は防水性を考え、立はぜ葺き＋ゴムアスルーフィングとし、内樋で外部に雨水を排出するようにしている

シンプルモダンテクニック+5

48・49頁で紹介できなかったそのほかのテクニックを、切妻屋根の事例から紹介する。こちらはよりローコストなシンプルモダンのテクニックである。

撮影＝石井紀久（写真05以外）

01
カラーガルバは立はぜ葺きでコストを抑える

茶色を選ぶことで、金属特有の尖がったイメージを抑え、やわらかい印象に

02
バルコニーは“面”を強調

木製ルーバーではなく、白塗り仕上げにすることで面を強調。同時にガルバリウム外壁の縦ラインの主張を抑えている

03
玄関ドアも白で“面”に見せる

バルコニー手摺と同様の役目を果たす。玄関扉も白で統一して存在感を消す

04
切妻屋根は妻側が勝負

屋根を屋根と思わせないのがシンプルモダンの鉄則。妻側も軒は出さない。窓の数を減らしてアクセントに

05
雨樋、換気口も色をそろえる

部材類は外壁材の色とそろえ、存在感を消す

JUST201

設計・施工	フォーセンス
所在地	宮崎県宮崎市
構造	木造軸組構法
建築面積	67.65m^2
延床面積	124.65m^2
価格	1,430万円（バルコニー工事含む、太陽光発電は除く）

北欧スタイルは大屋根のカタチと見せ方

北欧の伝統的な住宅は、ゆったりとしたデザインの屋根が特徴。
高さを抑えた勾配屋根に明るい色の瓦をあしらう。主張しすぎず、周囲と調和するためには
屋根と外壁との見え方のバランスをとる。これが最大のポイントだ。

ここでは、欧米の住宅スタイルをベースとして、自然素材由来の材料を多用し、若干の装飾や曲線をデザインに取り入れた住宅を「ナチュラルモダン」と定義したい。そのナチュラルモダンのなかで、最近注目を集めているのが、北欧スタイルの住宅である。

ナチュラルモダンにおける北欧スタイルとは、スカンジナビア地方の伝統的な住宅をモチーフとしたデザインスタイルのこと。その象徴の1つが大きな勾配屋根だ。また、屋根を美しく見せるために、軒高さを抑えている一方、外壁は太い額縁で窓を切り取ってアクセントとするほか、最近ではきれいな色のオーニングが定番となっている。ナチュラルモダンのなかでも南欧風などに比べて全体的に「甘さ」がないので、女性のみならず男性にも受け入れられやすいデザインといえる。

「Villa Michida」

設計・施工　モコハウス
所在地　兵庫県川西市
構造　木造軸組構法
建築面積　180.05m^2
1階床面積　133.0m^2
2階床面積　47.5m^2
価格　4,800万円
（吹抜け・パティオを含まない）

北欧スタイルの外観デザインテクニック6

流行にとらわれない普遍的なデザイン。
世代を問わず親しまれる、色や素材の組み合わせと、
窓廻り部材の使い方を紹介しよう。

01 片流れ屋根を組み合わせる

高い屋根と低い屋根の高さの差（棟の取合い部分）をできるだけ低く抑える。サブの建物の桁行幅をメインの建物の幅より小さくするなど、建物全体の立体的なバランスにも注意する

02 薪ストーブの煙突も絵になる

屋根からの煙突の高さ寸法は、最長で１ｍ程度（室内では４ｍ以上）のバランス。たいていは家の中心に配置するため、煙突も外観上の中心にくることが多い

03 屋根は明るい色の瓦

勾配のある大屋根が伝統的なスタイルの北欧では、屋根面の見せ方も外観デザインの重要なポイント。明るい色の瓦を選びたい

04 壁は面を強調しない

外壁は、あまり「面」を強調するような部分を設けない。北欧では板張りも多いが、モコハウスでは塗り壁を採用。よく使うのは「そとん壁」（グレー）や「ベルアートSi（ゆず肌）」など

05 庇ではなく、オーニング

壁をおとなしい色にしている一方で、オーニングにはアクセントになるような色をもってくる。素材はビニールっぽいものよりも、布製のほうが洗練された印象になる

06 サッシは木製か樹脂製で白が基本

北欧ではアクセントモールに白を使うことが多いが、本事例では軒裏とサッシで白を強調。また、窓によって縦が強調されると建物が重たく感じられるため、縦長の窓は単独で使わない

縦長のサッシを使う時は並べてバランスをとる

立面図で見る北欧スタイルの外観

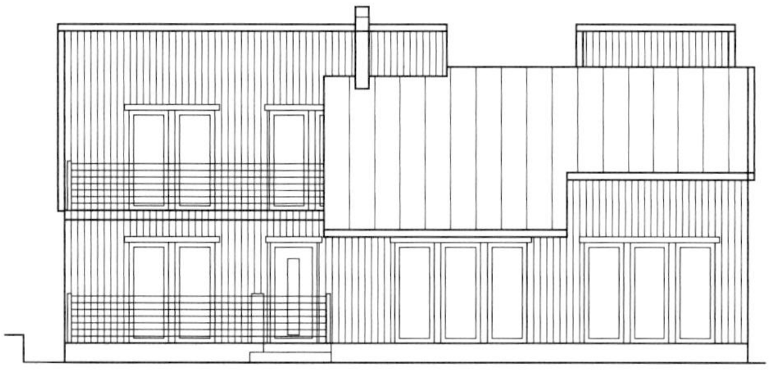

北立面図（S＝1：200）

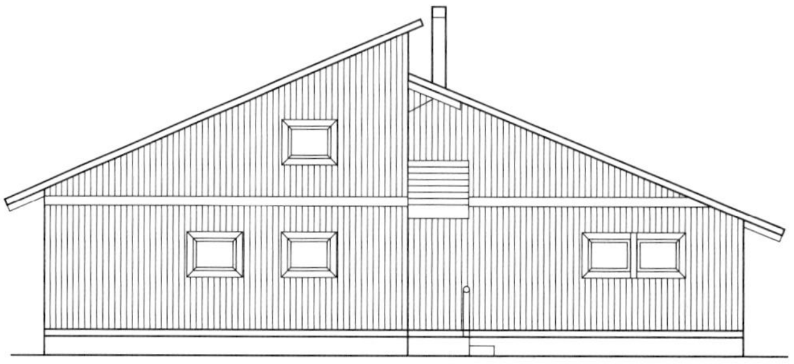

西立面図（S＝1：200）

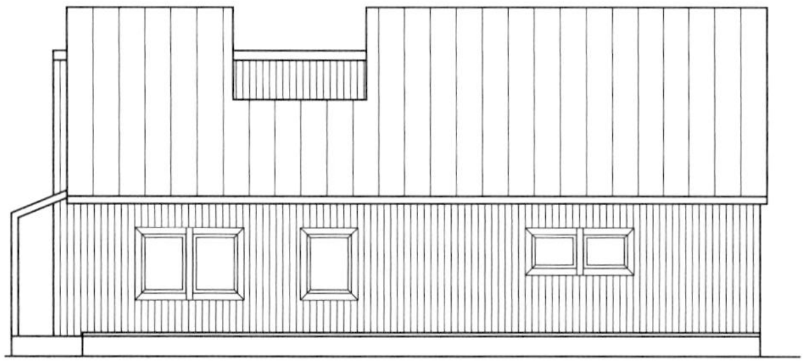

南立面図（S＝1：200）

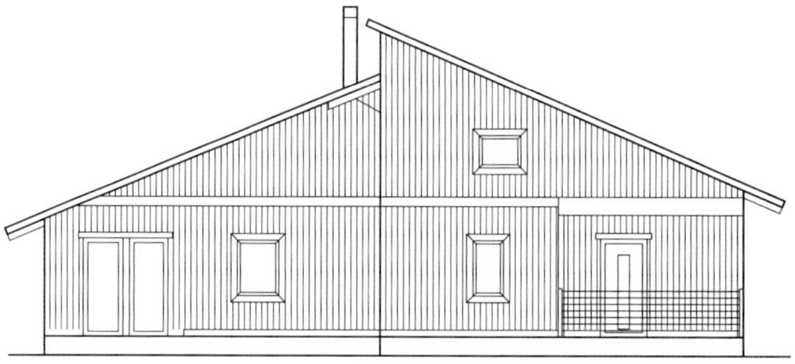

東立面図（S＝1：200）

横に長くなるようなプロポーションとしているのが、美しい外観のポイント。北欧スタイルの要である大きな屋根を見せるうえでも、この横長の形状は都合がよい。2方向の片流れを組み合わせた屋根形状も、建物に立体感と奥行きを与えている。

北欧スタイルの決め手となるポイント

S型瓦の屋根と壁の取り合い

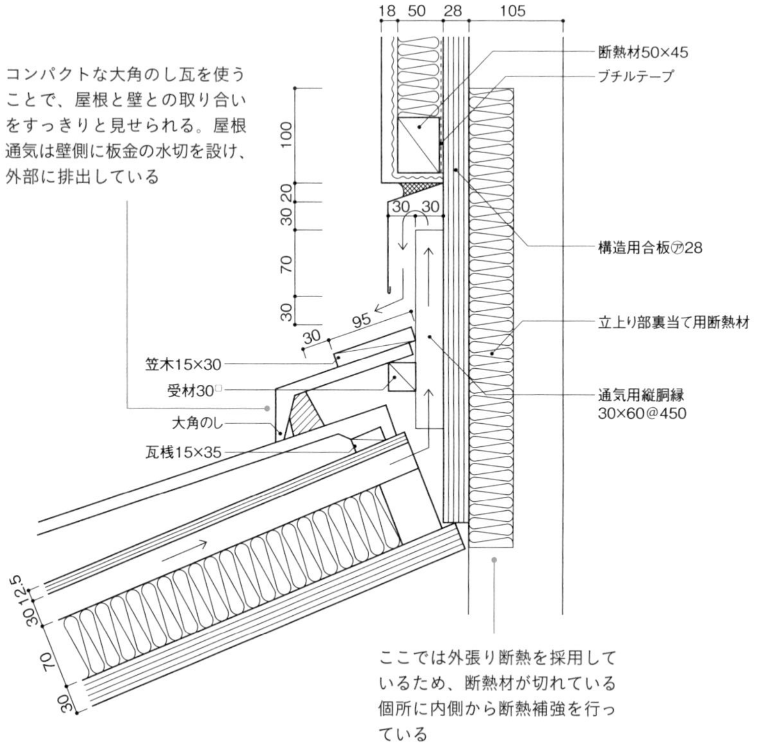

断面詳細図（S＝1：8）

北欧風の住宅といえばオーニング

窓に設けられたイエローのオーニング。パステルカラーは白い壁との相性がよい

2つの窓にまたがって設けられたあずき色のオーニング。縦に長い窓にはこのような使い方もできる

オーニングは欧米の住宅で定番の日射遮蔽設備。特に北欧の住宅ではパッシブデザインの観点から、夏は断熱・蓄熱性能の高い家の内部にできるだけ日射が入らないように、冬はできるだけ日射が入るように、太陽の高度に合わせて日射を細かくコントロールするための設備としてオーニングが多用され、北欧住宅のファサードデザインの定番アイテムとなっている。効果的に採用して、北欧デザインのアクセントにしたい。

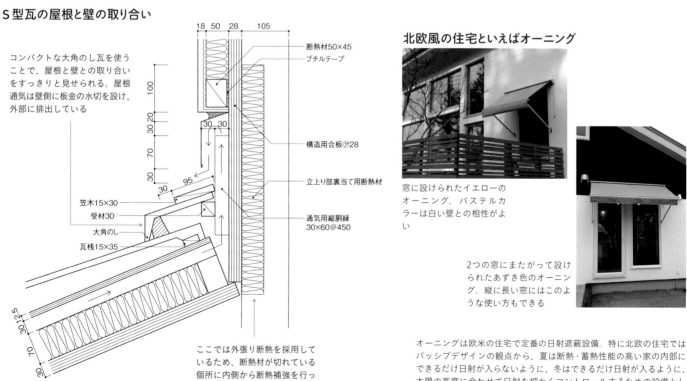

南欧スタイルは
古さの表現と小物使い

プロヴァンスやフレンチカントリー、最近の言葉で言えばカフェ風。
これらに共通するのは、シャビーな感じ。
すなわち古めかしいさまをどう表現するかがポイントだ。

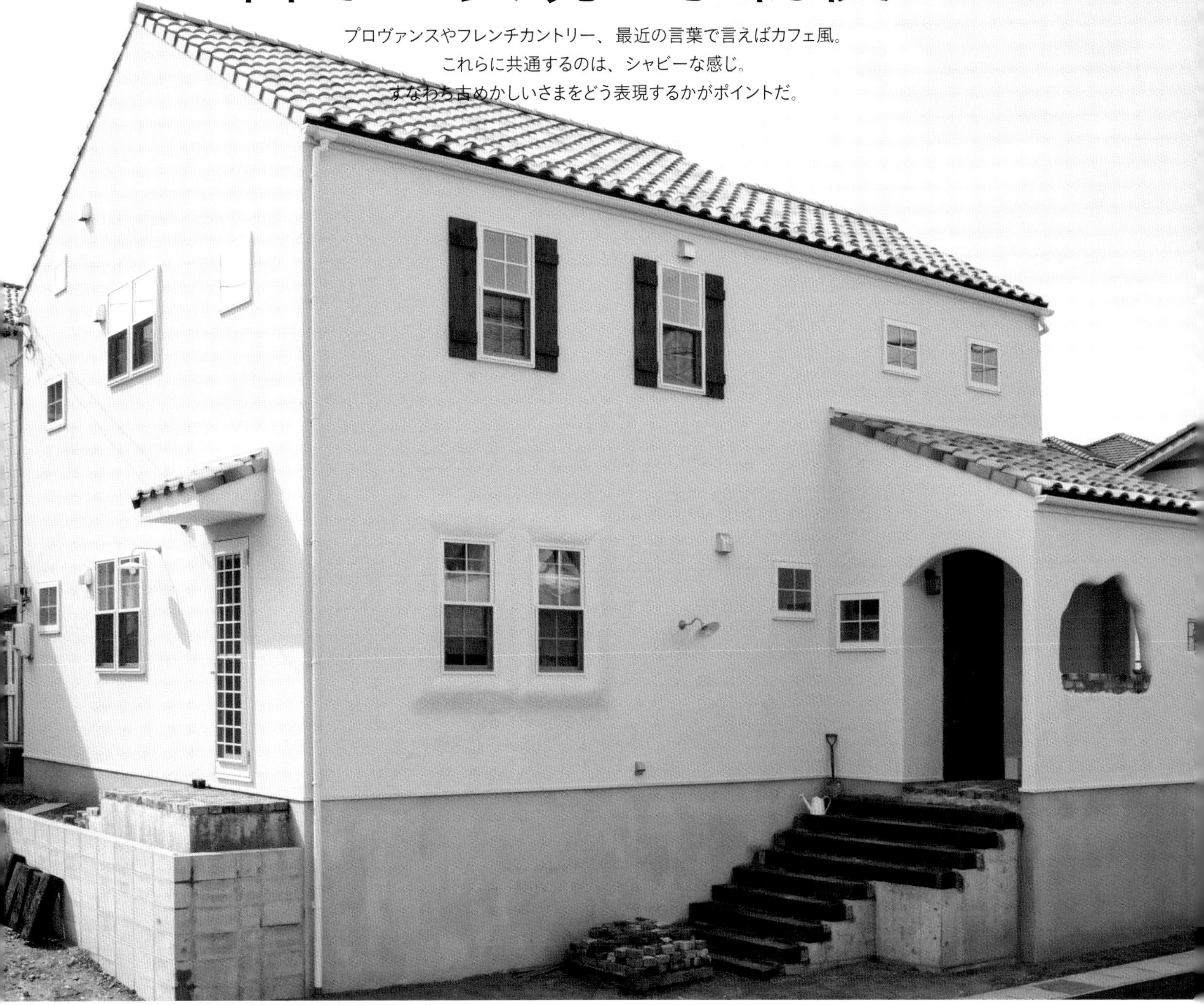

ナチュラルモダンのなかで最も人気が高いのが、南欧風と呼ばれるデザインスタイルの住宅だ。南欧風は、プロヴァンス風ともいわれるように、フランス南部の地中海に面したプロヴァンス地方の住宅がモチーフとなっている。

プロヴァンス地方の住宅の特徴としては、赤茶系の素焼き（テラコッタ）の瓦をもつ、軒の出がほとんどない勾配屋根、クリーム色の塗り壁、玄関の前に設けられたアーチウォール、曲線をもつロートアイアンのバルコニーの手摺、「フレンチドア」と呼ばれる重厚な木製のドア、などが挙げられる。これらの要素をバランスよく取り入れるのが、南欧スタイルの住宅の外観のポイントとなる。

また、適度な「古めかしさ」も重要な要素であり、真新しさを強調する既成品をできるだけ避けるのも重要だ。

O邸

設計・施工	パパママハウス
所在地	愛知県名古屋市
構造	ツーバイフォー工法
建築面積	70.26m^2
延床面積	114.70m^2
価格	2,500万円 （バルコニー工事含む）

南欧スタイルの外観デザインテクニック9

手づくり感や使い古した感じを、
素材や小物で表現する。
南欧スタイルならではの方法を紹介しよう。

01
三角屋根で瓦を見せる

基本は切妻屋根。素焼き風のS形瓦やスペイン瓦を使って素材感を表現

02
軒は出さずにけらばを見せる

妻壁の三角のラインをなぞるケラバの、ちょこっと見える瓦がかわいい。ただし、軒を出さないため壁はかなり汚れる。ナチュラルス系は、その汚れが「味」ととらえて受け入れる建て主も多いようだ

03
掃き出し窓は極力使わない

窓は、上げ下げ窓やすべり出し窓が中心で、掃き出し窓は極力使わない。デッキやテラスの開口部はフレンチドア（パティオドア）を採用

04
ベージュかクリーム系の塗り壁で

古めかしい感じが好まれるナチュラルスタイルは、汚れが「味」になる色を選ぶ。塗り壁は厚く塗れば塗るほど素材感が出せるため、予算に応じて材料と施工方法を検討しよう

風合いを出すためにあえて泥をこすりつけることもある

05
アーチや曲線を取り入れる

全体的にコーナーをまるめて仕上げるのがポイント。ポーチにアーチを取り入れ、やわらかい印象に

玄関ポーチの大きな開口も曲線で

06
木製ドアとアイアンランプで雰囲気づくり

玄関は木製ドアがベスト。ただし、メンテナンスが必要なことはあらかじめ説明しておきたい。最近は、大手サッシメーカーから本物感のある木調ドアが出ており、メンテナンスに抵抗がある建て主にはこちらを勧めたい。玄関照明はアイアンランプで雰囲気づくりを

07
小屋根を設けて「かわいい」感じに

庇というよりも小屋根。瓦で仕上げてかわいらしさを演出

小屋根に木製のつっかえ棒で装飾することも

08
テラス&ポーチはレンガかテラコッタ

床材の仕上げは古レンガやテラコッタ、古木を使って素材感を強調

09
窓まわりの飾りつけ

窓のまわりに、飾りの木板扉をつけたり、丸みをもたせたりする。飾りつけは積極的に。シンプルを目指す必要ナシ

立面図で見る南欧スタイルの外観

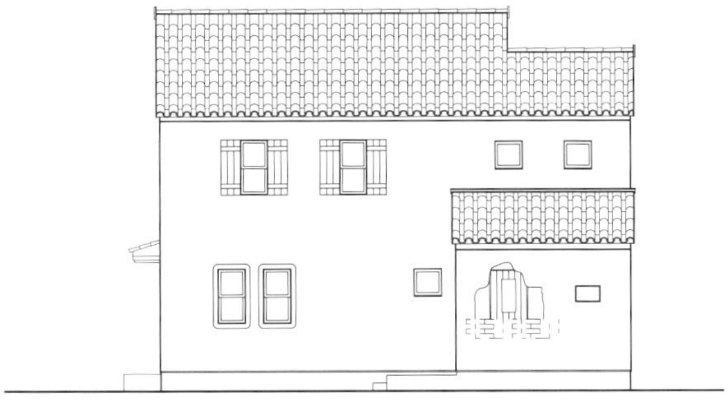

北立面図（S＝1：150）

西立面図（S＝1：150）

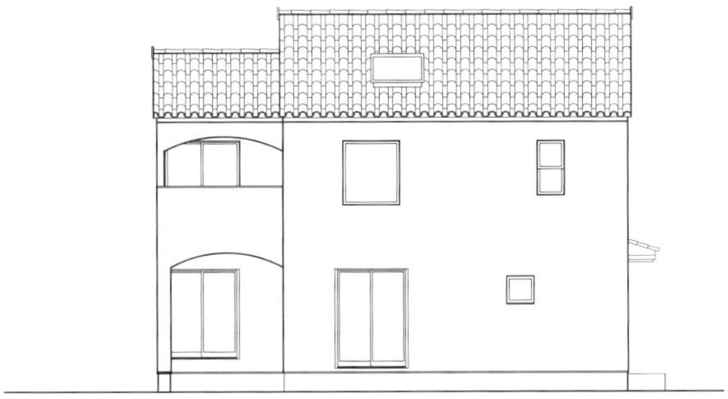

南立面図（S＝1：150）

東立面図（S＝1：150）

シンプルな建物形状ながら、下屋などを効果的に利用して立体感のある外観をつくり出しているのが分かる。窓やドアなどは、周囲にさまざまな装飾やアーチウォールなどを施し、外観上のアクセントとしている。

北欧スタイルを補強する細やかなデザイン

アンティーク小物

玄関照明は、ランプが見えるようなアンティーク調のものをあしらう。写真はアメリカの老舗照明ブランドのKICHLER（キチュラー）社製

古レンガ

古レンガをランダムに並べて施工した壁。レンガはアンティークショップで購入したもの

煙突

煙突もヨーロッパの田舎の雰囲気を表現できる。薪ストーブの煙突はレンガ調のサイディングでつくられている

鉄製の玄関ドアノブ

地元の職人がつくったロートアイアンのドア。職人ものの材料は南欧スタイルと相性がよい

失敗しない外壁材の選び方

外観を設計するうえで重要なのが、外壁材にどのような材料を使い、どう納めていくかということである。
ここでは木板、モルタル下地の塗装、金属サイディング、窯業サイディング、金属板に絞って、
求めるデザインや性能面からの選び方や出隅の納まりのポイントについて解説する。

木造住宅に使われる外壁材にはさまざまな材料が使われているが、ここでは木板、モルタル下地の塗装、金属サイディング、窯業サイディング、金属板に絞って解説する（表）。なお、金属サイディングと金属板は、同じ外装材に分類されて解説されることも多いが、外観の話をする都合上、前者をタイルや木目、塗り壁風の仕上げを再現したもの、後者を角波・小波板のものと分けている。

外壁材を選ぶうえで重要なのが、求める外観に適したものを選ぶということである。たとえば、和モダンやシンプルモダンであれば、タイル調のものは避けたほうがよく、モルタル下地の塗装や角波や小波板などのシンプルな金属板、現場塗装した窯業サイディングなどが使いやすい。ナチュラルモダンであれば、モルタル下地の塗装のほか、現場塗装した窯業サイディングなどが最適だ。

アーリーアメリカンであれば、木板張りは必須である。

また、外壁材選び同様に大事なのが、端部の納め方。ここで紹介している出隅などは、その処理の仕方で見た目に大きく影響する（図）。和モダンやシンプルモダンであれば、できるだけ外壁のラインをはみ出さないような小さな役物とし、外壁材が自然と出隅を回り込んで張られているように見せたい。

図 金属板外装の出隅の処理

角波・コーナー役物あり（S＝1:12）

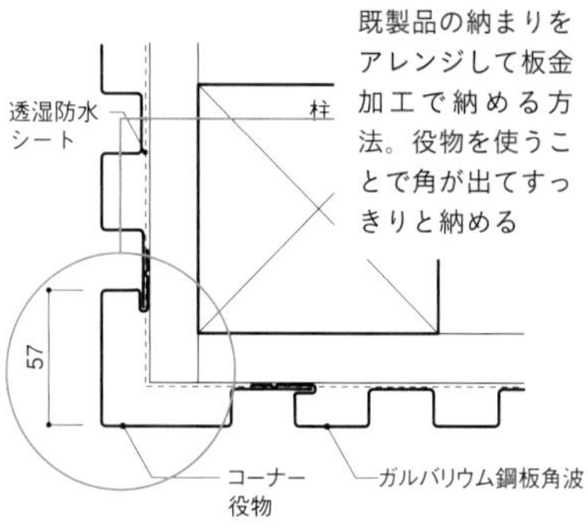

角波・コーナー役物なし（S＝1:12）

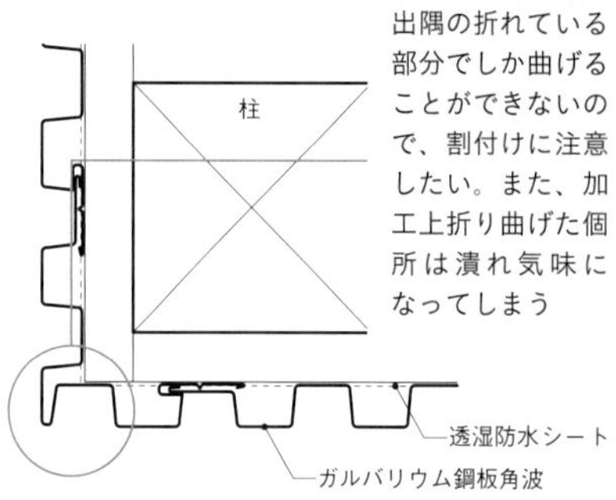

小波・コーナー役物あり（S＝1:12）

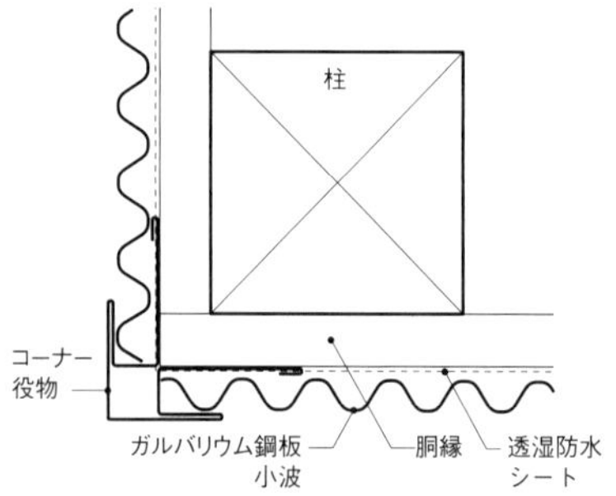

小波・コーナー役物なし（S＝1:12）

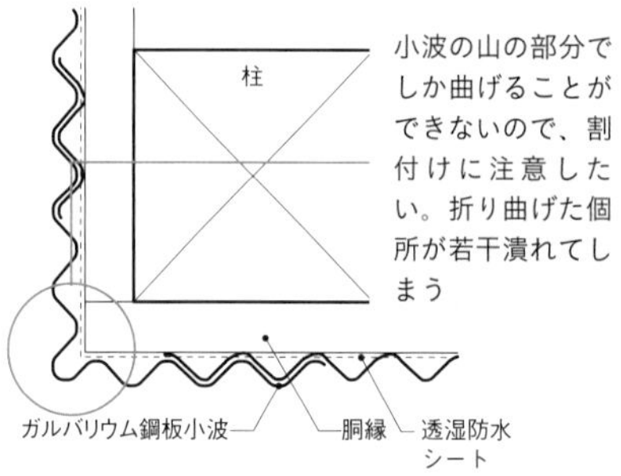

図2 竪板張りの出隅の処理

役物あり（S＝1:12）

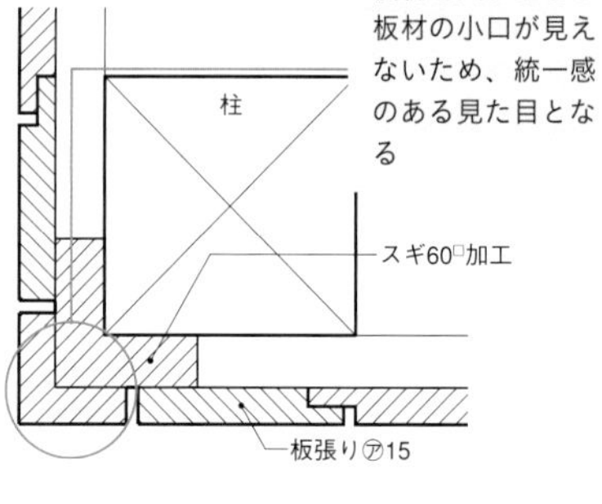
役物を入れ込むと板材の小口が見えないため、統一感のある見た目となる

役物なし（S＝1:12）

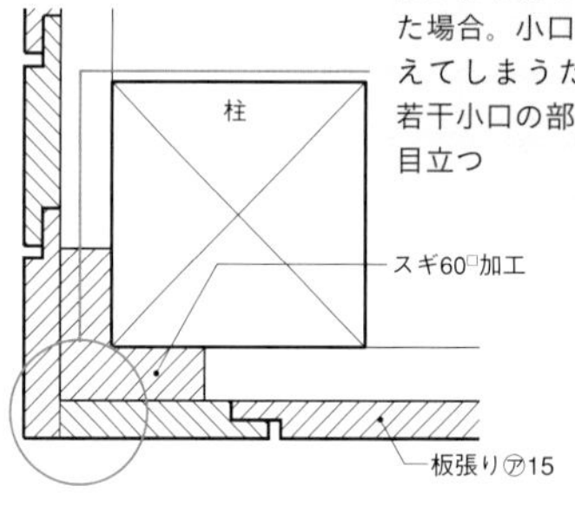
突き付け納めとした場合。小口が見えてしまうため、若干小口の部分が目立つ

図面提供：田中工務店（図1）、輝建設（図2）

表 デザイン・性能面から見た外壁材の比較

	木板	モルタル 吹き付け塗装	金属サイディング	窯業サイディング	金属板
デザイン	**和洋どちらにも最適** 下見張りや羽目板張りなどさまざまな張り方が可能。アーリーアメリカンとする場合は、下見板張りが必須となる。また、和モダンなど和風のデザインとも相性がよいが、幅広の材料を使うと山小屋風に見えるので注意が必要。1階だけなど部分的に使用しても、デザインのアクセントとなる。紫外線に晒されると黒く変化するので、メンテナンスや色の変化も考慮してデザインしたい	**さまざまなデザインと相性よし** 継ぎ目がなく、連続した自由な形状が得られ、また下地の凹凸の付け方によって、さまざまなデザインが可能になる。漆喰風から土壁風、スタッコ風まで和洋さまざまなデザインと相性がよい。色によっては汚れが目立ちやすいので、シンプルモダンなどで軒が出せない場合は、親水性に優れた製品や光触媒処理がなされた製品など防汚効果が期待できる材料を選択したい	**モノトーンが使いやすい** 木目調やスタッコ調、タイル調などさまざまなデザインの製品がある。モダンデザインでは黒などのモノトーンのものを使うのがよいが、大面積に使う場合、ジョイントの目地が目立つ場合があるので、なるべく単純なデザインのものがよい	**現場塗装で塗り壁風に** 木目調やスタッコ調、タイル調などさまざまなデザインの製品があるが、モダンデザインでは黒などのモノトーンのものを使うのがよい。細かい凹凸が連続した製品を使うか、素版の上から現場塗装して使ったほうがよい。目地が目立つと「サイディング感」が強まるので、長尺の材料を使う、目地を潰して塗装するなどの工夫を行いたい	**シンプルモダンと相性よし** 金属板には平版のほか、角波や小波など連続したデザインのものが一般的に使われており、モダンデザインとの相性がよい。同様の理由で目地も目立ちにくい。色はシルバーや黒などが中心なため、シンプルモダンとの相性もよい。屋根まで張り上げることで、よりデザイン性が増す
耐久性	**乾燥を促す工夫を行いたい** 木材の特性として乾湿を繰り返すが、雨が溜まらないような施工を行っていれば材種を問わず腐朽することはない。ただし、水が溜まりやすい個所は腐朽してしまうので、水はけを考えた設計・施工を行うこと。約半年後に1回、以降約5年ごとに定期的に塗り替えを行うとよい	**下地でのクラック対策が必須** 地震などの衝撃や凍害によってクラックや剥離が起きやすい。クラックについては、クラックの起きにくい下地工法などを採用することである程度回避することが可能。色や塗膜などの劣化は表面塗装の種類による	**耐久性が高い** 表面仕上げは焼付け塗装なので、耐久性は極めてよい。ただし、傷が付いたり、ほかの金属が触れることで錆が発生することもある。軽量なので、地震には有利であるが、衝撃による凹みや傷は付きやすい	**シーリングのやり替えが必須** 材料自体は比較的耐久性に優れているが、接合部のシーリング材が劣化するため、通気工法の採用が必須。破損は比較的少ない材料であるが、過大な衝撃、地震による割れや欠けが発生する	**耐久性が高い** 表面仕上げは焼付け塗装なので、耐久性は極めてよい。ただし、傷が付いたり、ほかの金属が触れることで錆が発生することもある。軽量なので、地震には有利であるが、衝撃による凹みや傷は付きやすい
防水 断熱 遮音性	**通気工法との併用が必須** 目地接合部から少々漏水するが、通気工法となっていれば十分に乾燥する。材料単独での断熱・遮音性はあるが、隙間もできやすいため、建物全体で性能を高めるべきである	**クラック時の防水対策が必須** 単独での防水性はあるが、クラックが起きやすいため、下地などでの十分な防水対策が必要。重量があり、目地などの隙間もないため遮音性はある程度期待できる	**裏打ち断熱材では性能が不十分** 接合部材が工夫されているので、防水性は優れているが、通気工法を併用したい。また、裏打ちの断熱材が施されているが、性能としては不十分なことが多い	**通気工法との併用が必須** シーリングによって接合部の防水を確保しているため、通気工法による2重防水対策が必須。材料単独での遮音性はあるが、乾式工法なので過度な期待は禁物	**単独での遮音性や断熱性は期待できない** 接合部に防水の工夫がなされているため、防水性は高いが、通気工法を併用したい。また、防水性を考えれば、竪張りより横張りのほうがベターである。単独での遮音性や断熱性は期待できないので、建築と一体で考える必要がある
耐火 耐火性	**防火地域によっては使用が困難** 外壁に張る程度の厚みの木材では難燃性、耐火性はあまり期待できない。単独の使用には法律上の制限も多く、不燃・難燃材料と組み合わせて使うか、不燃処理などが施してある認定材料を使う	**防火性に優れる** 不燃材料で、防火性に優れる。鉄網モルタル厚さ20mm以上のものは防火構造、それを間柱の両面に設けたものは準耐火構造が認められている	**必要に応じて不燃下地などが必要** ダイライト・石膏ボードなどの不燃下地材との組み合わせで準防火性を有する外壁構造（土塗壁その他の構造及び防火構造）が認められている	**防火性に優れる** 不燃材料で、防火性に優れる。材料の厚みや下地の構成により準耐火構造または防火構造が認められている	**必要に応じて不燃下地などが必要** ダイライト・石膏ボードなどの不燃下地材との組み合わせで準防火性を有する外壁構造（土塗壁その他の構造及び防火構造）が認められている
施行性	**大工工事なので工期の調整が容易** 軽量で、加工しやすく、釘打ちも容易である。基本的に大工工事のみで進められるため、工期の面でも比較的有利である	**工期がかかる** 手間もかかるうえに養生なども必要なため、工期がかかる。一般的な通気工法を採用した場合は、さらに工期がかかるが、最近では合理化されたモルタル用通気下地シート（エアー・パッセージシート）なども存在する	**板金工の技量に左右される** 軽量で、切断、釘打ちもしやすい。ただし、折り曲げや切断、防錆処理などをていねいに行わないと、錆の原因となる。また、電動工具に付着した鉄錆が屋根材に付着し、錆を引き起こす場合も多い	**工種が多いが、施工は合理的** 約物が少なく、取付け作業は合理化されているが、重量、切断などの点で劣る。結合部のシーリング工事などが別途必要なうえ、防水上の要であるので、施工管理も慎重に行いたい	**板金工の技量に左右される** 軽量で切断、釘打ちもしやすい。ただし、折り曲げや切断、防錆処理などをていねいに行わないと、錆の原因となる。また、電動工具に付着した鉄錆が屋根材に付着し、錆を引き起こす場合も多い
コスト メンテナンス	**定期的な塗装が必須** 木材自体は安価な材料だが、難燃処理されている材料は高価である。表面の劣化を抑えるためには、定期的な塗装が必要。傷などの補修や張替えは容易である	**定期的な塗り替えが必要** 材料費は安いが、工事費がかかるため、結果的には高価な部類になる。特に通気工法を導入した場合は、高価なサイディングと同等クラスといえる。また、塗り替えなどを行う場合も比較的多い	**錆に注意** 安価なものもあれば、高級なものもあり、製品の価格の幅は大きい。ガルバリウム鋼板などはメンテナンスフリーな材料といえるが、錆などが発生した場合、急速に劣化するので、注意したい	**シーリング打ち直しや塗り替えが必要** 安価なものもあれば、高級なものもあり、製品の価格の幅はきわめて大きい。塗り替えなどはあまり行わなくても問題ないが、接合部のシーリング打ち直しなどのメンテナンスが必要である	**錆に注意** 製品にもよるが、標準的なコストといえる。ガルバリウム鋼板などはメンテナンスフリーな材料といえるが、錆などが発生した場合、急速に劣化するので、注意したい

外壁の維持管理［塗り壁］

サイディングの普及以前、木造住宅の定番の外装仕上げとして使われていたのがモルタル下地の塗り壁だ。
ラス下地となる板張りの上にアスファルトフェルト、ラス網、モルタルが施工され、最後に上塗り材が施工される。
サイディング同様、基本性能は表面の上塗り材が担保している。

数ある外壁仕上げのなかでも、塗り壁は、定期的なメンテナンスが欠かせない。特に塗り替えは、塗料の耐久性に応じて定期的に行う必要がある。計画的な塗り替えによって、外壁、ひいては建物の寿命を延ばすことができる。

塗り替えの頻度は、塗料に使われている樹脂の性能によって決まる。これは左官調仕上げやリシン吹付け、スタッコ仕上げなどの分類とはまったく関係がない。したがって、使用している塗料にどの樹脂が使われているかを把握し、定期的な塗り替え計画を策定する必要がある。

樹脂は、フッ素、シリコーン、ウレタン、アクリルの順に性能が高く、基本的に塗料自体の価格も高くなるが、その分、塗り替えの頻度が少なくなる。また、塗り替え時には仮設工事など付帯工事を伴うので、価格差はより小さくなり、長期のメンテナンスを換算すると、耐久性に優れた塗料のほうがコストパフォーマンスは高いといえる。また、光触媒などの機能を付加した製品は、高耐久なうえに汚れなども目立ちにくいので、イニシャルコストがかかるものの、長い目で見ればもっともお得な塗料といえる。

表　一般的な塗装仕様（アクリル樹脂系）の経過年数と塗膜の劣化

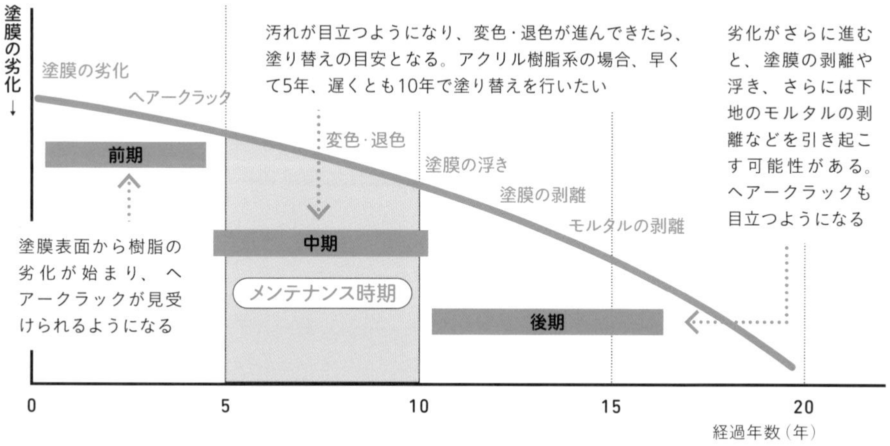

塗膜の劣化→
塗膜の劣化
ヘアークラック
汚れが目立つようになり、変色・退色が進んできたら、塗り替えの目安となる。アクリル樹脂系の場合、早くて5年、遅くとも10年で塗り替えを行いたい
変色・退色
塗膜の浮き
塗膜の剥離
モルタルの剥離
劣化がさらに進むと、塗膜の剥離や浮き、さらには下地のモルタルの剥離などを引き起こす可能性がある。ヘアークラックも目立つようになる
前期
中期
後期
メンテナンス時期
塗膜表面から樹脂の劣化が始まり、ヘアークラックが見受けられるようになる
0
5
10
15
20
経過年数（年）

一般的な補修方法

ヘアークラックの補修

表層部分に起こる小さなひび割れは、紫外線による塗膜の経年劣化や、モルタルの施工不良などが原因であることが多い。それ自体は漏水の原因にならないが、長期的には大きなひび割れを引き起こす要因となるので、目立ち始めた段階で補修を行う。

★ひび割れの中にしっかりと下塗り材（微弾性フィラー、セメントフィラーなど）をすり込むことが重要。ラスターなどの硬い毛の刷毛を用いて行うとよい

構造クラックの補修

ひび割れの原因が建物の構造の脆弱性に起因していると考えられる場合や、幅が0.3㎜以上でモルタル深部にまでひびが達していると診断される場合は構造クラックといい、漏水の原因になるため早めの補修が必要となる表面をU字形にカットし、プライマーを塗布した上にシーリングを充填し、再度塗装を行うこと。

★古い住宅の場合は、ラス下地など外壁の下地材が腐朽している可能性もあるので、十分に注意したい

塗り替え

表面の変色・退色、塗膜の剥離やヘアークラックなどが目立ち始めたら、塗り替えを行う。塗り替えは使用している塗料に応じて適切な塗り替え工法が用意されているので、それぞれの仕様にもとづいた方法で行う。

藻やカビの除去

壁に接するように植栽が設けてある場合は、塗り壁の表面に藻やカビが発生することがある。高圧洗浄で除去できることもあるが、塗料メーカーが販売している専用の洗浄剤が使える場合は、これを使うとよい。

塗料の汚れの除去

DIYなどで塗料が外壁に付着した場合は、やすりなどで表面を削りとることである程度の汚れをとることができる。ただし、削った個所がかえって目立つこともあるので、タイミングによっては塗り替えによる除去を検討したい。

外壁の維持管理［金属板］

ガルバリウム鋼板にフッ素などの高耐久の焼付け塗装を施したものが一般的に使われており、
耐久性が極めて高く、塗り替えなどを定期的に行う必要のないものが多い。
ただし、シーリングは窯業系サイディング同様、経年劣化するため、定期的な打ち替えが必要だ。

金属サイディングは、基材となるガルバリウム鋼板自体の耐久性が高いうえ、表面にフッ素など高価な塗料が工場で焼付け塗装されているため、原則、塗り替えなどの作業は必要ない。

　しかし、窯業系サイディングがそうであるように、シーリングは経年により必ず劣化が進むものなので、シーリングの打ち直しなどは定期的に行う必要がある。

　また、サイディング自体は表面塗装やアルミと亜鉛めっきなどでコーティングされているものの、傷などを受けた場合は、錆びやすい鋼材部分がむき出しになるので、速やかな補修が求められる。少なくとも5年おきには定期的な検査を行い、傷などを早めに発見できるように心掛けたい。

表　**メンテナンスサイクルとコストの目安**

5年ごとに専門業者による定期点検を行う

＜費用の試算条件＞
・延床35坪＝外壁180m²にて外壁工事（材工）費用を算出
・費用には、シーリング工事（半分打ち替え）、足場設置・解体工事を含む。
なお、費用は地域差や建物形状など諸条件により異なるので、あくまで参考程度と考えてほしい

経過年数	サイディング本体	シーリング	コスト
10年	必要に応じた部分的張替えまたは塗装補修	部分的打ち替えまたは全面打ち替え	50万+α
20年	必要に応じた部分的張替えまたは塗装補修	部分的打ち替えまたは全面打ち替え	50万+α
30年	必要に応じた部分的張替えまたは塗装補修	部分的打ち替えまたは全面打ち替え	50万+α

雨樋のメンテナンスも

雨樋にゴミや落葉が溜まっていたり、曲がりや破損、外れなどをそのままにしておくと、建物にとって大切な土台、外壁、柱などを腐らしたり、庭木を傷つけたりする原因にもなる。住宅の外観を守るために、雨樋も定期点検を行いたい。特に梅雨や台風の前後、雪どけ後などに清掃も兼ねて点検するとよいだろう。

雨樋のトラブル

樋からの雨漏りが軒先、軒裏、外壁に浸透し、腐食を起こす原因となる

モルタル壁などのクラックから雨水が壁の中に入り、柱や土台を腐食させる

雨だれにより軒下の地面が掘り下げられ、外壁や庭木などに影響する

チェックポイント

1. **軒樋・竪樋の接続部**が外れていないか
2. **軒樋・竪樋に変形**など、不具合はないか
3. **金具**が外れていないか
4. **ゴミ・落葉**などが軒樋の中に溜まり、雨水があふれ出していないか

外壁の維持管理［木板］

一般的に外壁には、スギ、ヒノキ、ヒバ、カラマツ、ウェスタンレッドシダー（ベイスギまたはカナダスギ）などの針葉樹が使用されている。自然素材で、温かみのある外観ができるうえ、経年とともに色が変化するので、その風合いを楽しめるのも木材ならでは。

耐久性について

外壁に張られた木材は、雨や紫外線などの影響を受けやすく、メンテナンスを怠ると早い段階で黒く汚れてしまう。黒く汚れても腐っているわけではないが、見た目によくないし、劣化を早めてしまうことにもなる。板張りにした場合には、定期的にメンテナンスをすることを心得ておきたい。

メンテナンス周期は、塗料の種類や使用される部位、気象条件によって異なるが、早くて2〜3年、遅くても5年以内には塗り替えを行いたい。メンテナンスを怠ると木材に汚れが蓄積され、蓄積された汚れに水分が溜まり、そこにカビやコケなどが発生する。カビやコケは、木材の腐朽にもつながる。

日本では、日常的にメンテナンスを行う習慣が根付いていないため、木材を外壁に使用する場合は、できるだけ耐久性の高い木材を使ったり、軒をできるだけ出して雨がかからないようにしたり、たとえ濡れても水切れがよく乾きやすい状態になるように設計するなどの工夫をすることで、メンテナンスの回数や手間を軽減しよう。

耐候性のある樹種

基本は耐候性の高い心材（赤身）を使い、水に弱い辺材（白太）の部分を使わないようにする。そのうえで耐候性が高い樹種、たとえばヒノキ（赤身）、ヒバ、ウェスタンレッドシダー、ネズコなどを選ぶ。このほか、これらより若干耐候性は劣るもののスギ（赤身）は、手ごろな価格帯で使いやすい。

表 木材保護塗料の種類

紫外線による劣化から木を保護するには、塗装が有効。耐候性の向上や反りなどの変形を防ぐために、木板の表面だけでなく、裏面や小口にも塗装することが理想。

	塗膜性塗料	浸透性塗料
代表的な塗料の種類	**ウレタン樹脂塗料** ・耐久性に優れる ・水性系と溶剤系がある	**木材保護着色塗料** オイルステインに防腐、防カビ剤などが添加。
耐候性	メンテナンスサイクルは長いが、塗膜が木材の伸縮に対応できず割れ、ふくれ、剥がれなどが発生する。塗替え時には、劣化した塗膜の剥離作業の手間がかかる。特にクリア仕上げは紫外線に弱く、こまめなメンテナンスが必要	メンテナンスサイクルは塗膜性と比べて短い。ただし、剥がれや膨れがないため、塗り替え時に劣化した塗膜の剥離作業がなく、重ね塗りが容易

表 一般的な再塗装の方法

塗替え周期は、3〜5年が目安。このほか、①水をかけて撥水するか、②皮膜が残っているか（ツルツルしているか）、③乾燥して白ぼけしていないか、を確認してみよう。

木材は、DIYでも塗装しやすい。ただし、高いところや塗りにくい個所は、専門家にまかせること。

塗装の手順（浸透性塗料の場合）

1 ほこり・汚れを落とす
ブラシやスポンジを使って水洗い。コケ、カビ、ほこりなどの不純物を取り除き、湿り気がなくなるまで乾燥させる

▼

2 木地の調整
サンドペーパーを使ってササクレや傷を取り除く

▼

3 養生をする
通常塗らない、窓、木部以外の壁、コンクリートの床などを養生する。ここが仕上がりの決め手になる！

▼

4 塗装する
塗料をよくかき混ぜ、容器に移す。コテ刷毛を使って塗料をしっかりと伸ばしながら、木に刷り込むように塗装する

▼

5 自然発火の処理
注意！ 塗装に使用したコテ刷毛、スポンジ、ウエスは自然発火する可能性があるため、水を含ませてから捨てる

準備するもの

- 塗料
- コテ刷毛
- 養生シート（テープ）
- サンドペーパー
- ウェス、雑巾
- 軍手、ゴム手袋
- 塗料を入れる容器
- 割り箸（かき混ぜる棒）

取材協力：プラネットジャパン

メンテナンスサイクルとコストの目安

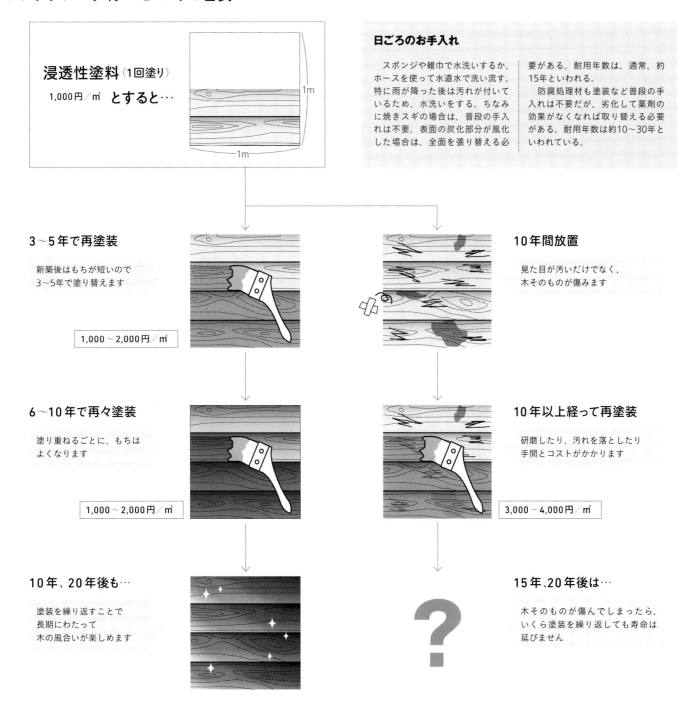

浸透性塗料（1回塗り）

1,000円／㎡　**とすると…**

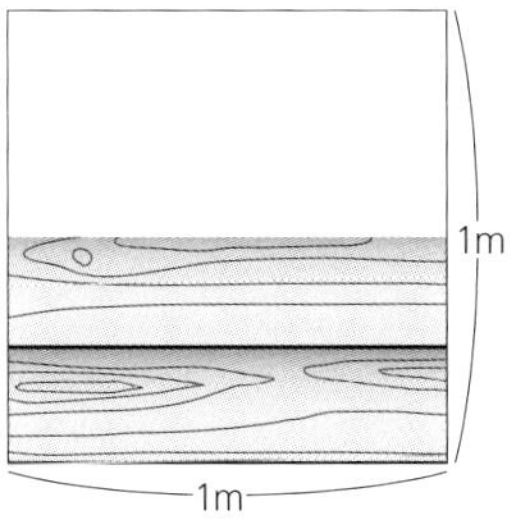

日ごろのお手入れ

スポンジや雑巾で水洗いするか、ホースを使って水道水で洗い流す。特に雨が降った後は汚れが付いているため、水洗いをする。ちなみに焼きスギの場合は、普段の手入れは不要。表面の炭化部分が風化した場合は、全面を張り替える必要がある。耐用年数は、通常、約15年といわれる。

防腐処理材も塗装など普段の手入れは不要だが、劣化して薬剤の効果がなくなれば取り替える必要がある。耐用年数は約10～30年といわれている。

3～5年で再塗装

新築後はもちが短いので
3～5年で塗り替えます

1,000～2,000円／㎡

6～10年で再々塗装

塗り重ねるごとに、もちは
よくなります

1,000～2,000円／㎡

10年、20年後も…

塗装を繰り返すことで
長期にわたって
木の風合いが楽しめます

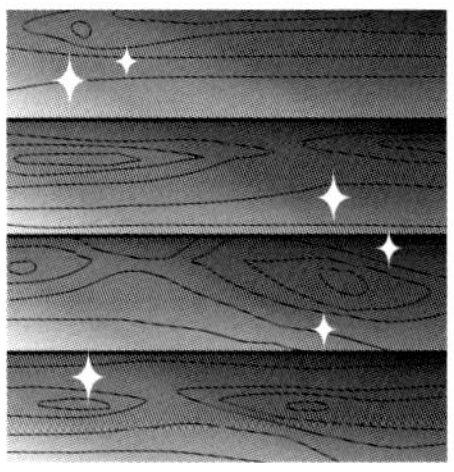

10年間放置

見た目が汚いだけでなく、
木そのものが傷みます

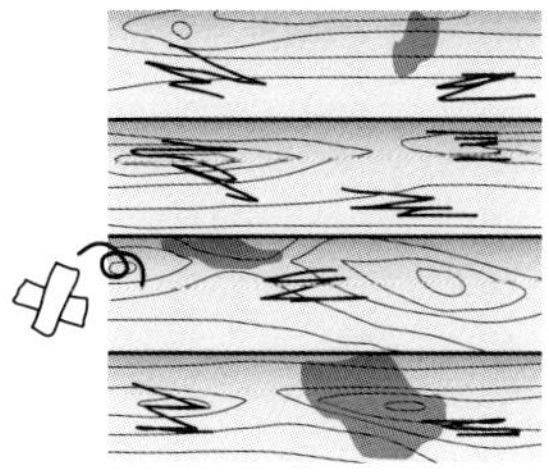

10年以上経って再塗装

研磨したり、汚れを落としたり
手間とコストがかかります

3,000～4,000円／㎡

15年、20年後は…

木そのものが傷んでしまったら、
いくら塗装を繰り返しても寿命は
延びません

板張りのメンテナンス周期を延ばすには

板張りのメンテナンス周期を延ばすには、板に塗料をしっかり浸み込ませることがポイントである。ヒノキやヒバなど油分の多い樹種は塗料が浸透しづらいため、水拭きや水洗いで表面の油分を落としてから塗装するとよい。

また、スギなどに浸透性塗料を塗装する際は、より浸透しやすいラフ面（プレーナーがかかっていない面）を表に使うとよい。どうしてもきれいなプレーナー仕上げ面を表に使いたくなるが、ラフ面よりも塗料が浸透しづらい。

ラフ面に2～3回塗り重ね、十分に塗料を浸み込ませれば、材種や環境にもよるが5～7年ぐらいはもつ。

板面の仕上げと浸透性

ラフ面 → サンダー仕上げ → プレーナー仕上げ → 超仕上げ

浸透しやすい ←→ 浸透しにくい

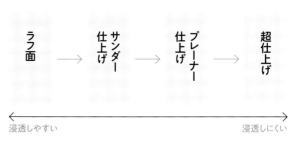

失敗しない屋根材の選び方

屋根を設計するうえで重要なのが、屋根材にどのような材料を使い、どう納めていくかということである。
ここでは代表的な屋根である瓦、金属板、化粧スレートに絞って、
求めるデザインや性能面からの選び方や軒先の納まりのポイントについて解説する。

木造住宅に使われる屋根材にはさまざまな材料が使われているが、ここでは瓦、金属板、化粧スレートに絞って解説する（表）。

屋根材も、外壁材同様に、求める外観に適したものを選ぶことが重要になる。たとえば、和モダンであれば、瓦、金属板、化粧スレートのどの屋根材でも使うことができるが、基本的に黒～グレーの色のものを選択するのが原則となる。シンプルモダンは、和をイメージさせる瓦や化粧スレートは基本的に合わせにくい。金属板の黒やグレー、シルバーのものを採用するのが無難である。

ナチュラルモダンは、想定する各様式の元となる住宅で使われている屋根材を使うのが最適だが、北欧・南欧スタイルであれば、茶色～オレンジ系の化粧スレートなどでも代用できる。

納まりで重要なのは軒先である（図）。外観を住宅から数m離れた見たときに一番目に付くのが軒先であるからだ。和モダンであれば、鼻隠しの形状や垂木の先端の加工を工夫して軒先をできるだけシャープに見せる。シンプルモダンであれば、軒をできるだけ出さないよう、水切を含めて納まりを工夫したい。

表　デザイン・性能面から見た屋根材の比較

	瓦	金属板	化粧スレート
デザイン	**洋風ナチュラルには洋瓦が必須** 大きく和瓦と洋瓦に分類され、特に洋瓦は洋風ナチュラルに欠かせない材料である。和モダンに使う場合は、瓦のもつ重厚感を抑えるため、切妻などシンプルな屋根形状とし、棟などものし瓦などを省いたシンプルなものとしたい	**モノトーンが使いやすい** 表面の塗装によってさまざまな色があるが、モダン系であれば、シルバー、グレー、黒などがよい。また、葺き方も平葺き、段葺きなど凹凸の少ない葺き方がよい。外壁も金属板とし、軒などを出さない納まりとすることで、よりシャープさを出すこともできる	**色によってどのデザインにも対応** 表面の塗装によってさまざまな色があるが、モダンデザインでは黒、グレー系などを使うのがよい。和モダンであれば、瓦形状のものを使ってもよい。欧風ナチュラルは、オレンジ系の色を使えばよい
耐久性	**乾燥を促す工夫を行いたい** 材料自体の耐久性が高く、長期の使用に耐えられる。ただし、衝撃にはそれほど強くない。重量もあるため、地震に強い材料とはいえない	**海沿いなどでの使用は困難** 一般的に使われているガルバリウム鋼板であれば、材料自体の耐久性が高く、長期の使用に耐えられる。ただし、傷が付いたり、ほかの金属が触れたりする環境では錆が発生することもある。軽量なため地震には有利である。また、衝撃に強く割れることがない	**シーリングのやり替えが必須** 30年程度の耐久性をもつ。ただし、塗装の仕様によっても変わるため、製品にもよっては10～15年ごとに定期的な塗り替えが必要なものである。軽量なため地震には有利であるが、衝撃にはそれほど強くない
防水 断熱 遮音性	**緩勾配の屋根は不適** 単独での防水性はほどほどであるため、下地や下葺きなどをしっかりと施工することが重要。同様の理由で、緩勾配はあまり適さない。雨音などはあまり気にならない	**雨音が気になる場合も** 正しく施工すれば、単独でも防水性に優れるが、板金工の技量によるところも大きい。雨音が気になる場合もあるので、建て主に十分に確認のうえ、断熱材を厚くするなどの対応を行いたい	**防水性に優れ、雨音の問題も少ない** 正しく施工すれば、単独でも防水性に優れるが、施工者の技量によるところも大きい。金属板のような雨音の問題は少ない
施行性	**工期がかかる** 施工にやや手間がかかるため、工期も比較的長い。地震や強風などで落下しないようにしっかりと瓦を留める	**板金工の技量に左右される** 軽量で、切断、釘打ちもしやすい。ただし、折り曲げや切断、防錆処理などをていねいに行わないと、錆の原因となる	**工種が多いが、施工は合理的** 納物が少なく、取り付け作業は合理化されているが、施工者の技量によるところも大きい。工期は比較的短い
コスト メンテナンス	**高価だが、メンテナンスが少なめ** 比較的高価である。瓦自体は耐久性に優れるが、下地材などは必要に応じてやり替えが必要	**比較的メンテナンスフリー** 製品にもよるが、比較的安価といえる。メンテナンスもほとんど必要ないが、錆が発生した場合は早急に張り替えなどが必要	**安価だが、塗り替えが必要** 製品にもよって安価なものから高級なものまで幅広い。また、製品にもよるが、定期的な塗装などのメンテナンスが必要

図 瓦屋根の軒先・けらばの納まり

けらば（S＝1:12）

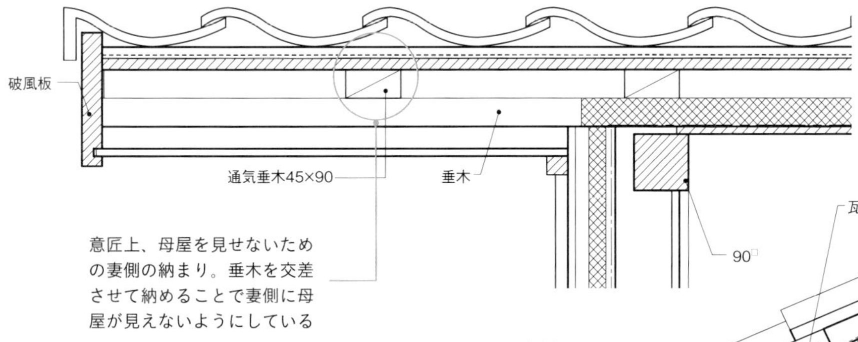

軒先（S＝1:12）

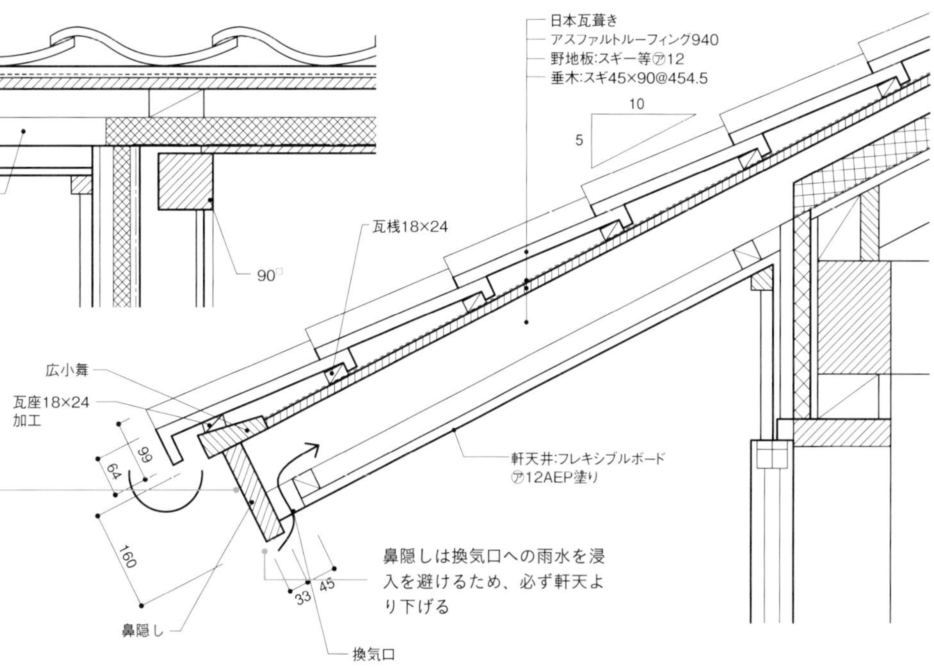

図2 金属屋根の軒先・けらばの納まり

登り梁屋根の軒先（S＝1:12）

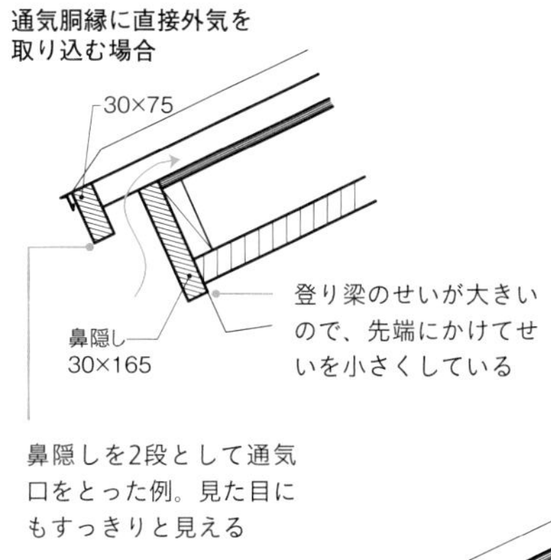

垂木屋根の軒先（S＝1:12）

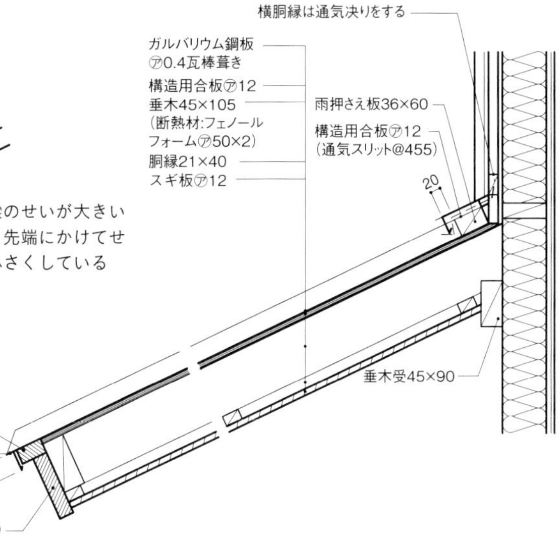

垂木屋根のけらば（S＝1:12）

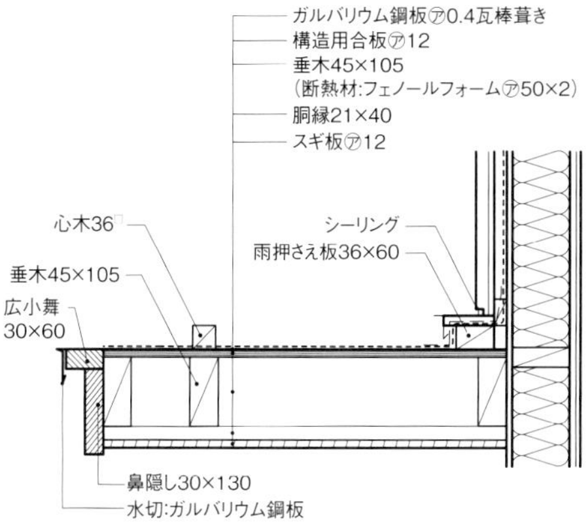

図3 金属屋根の軒先・けらばの納まり

軒の出を抑えた例（S＝1:6）

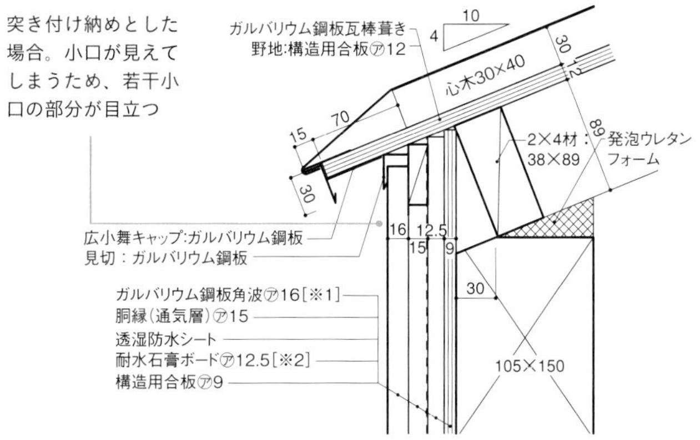

けらばの出を抑えた例（S＝1:6）

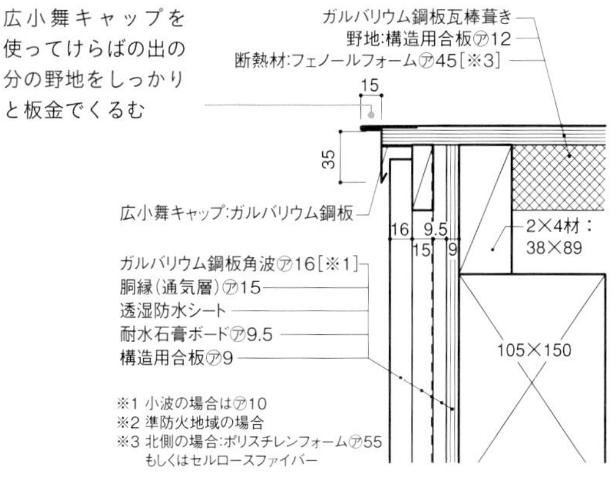

図面提供：結設計室（図1）、輝建設（図2）、田中工務店（図3）

優秀工務店の外観テクニック 12

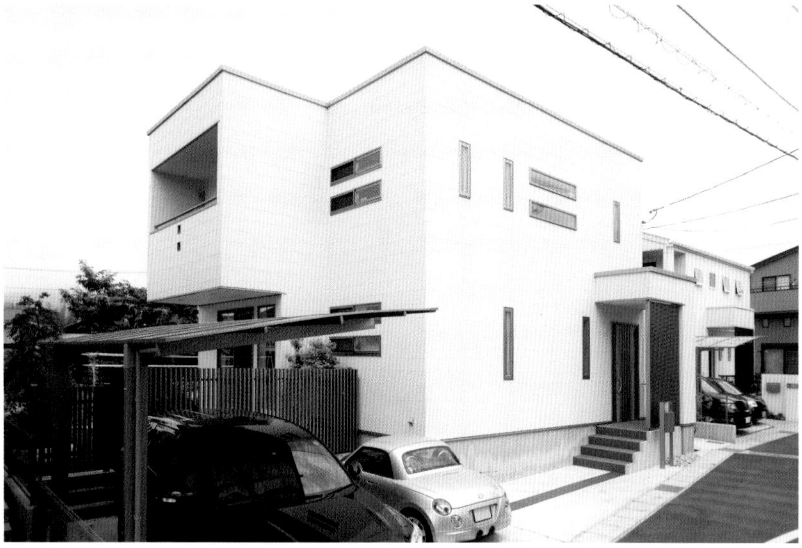

見事に平らな屋根を表現したシンプルモダンデザインの「白いキューブの家」(平成建設)。2方向を陸屋根風に見せれば、片流れの印象と大きく変わるため、よりデザイン性が強調される

TECH 1

勾配屋根で陸屋根を表現する

白いキューブの家(S=1:200)

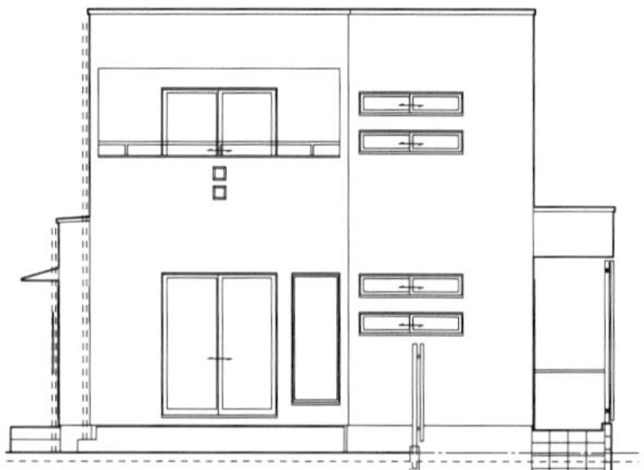

南立面図

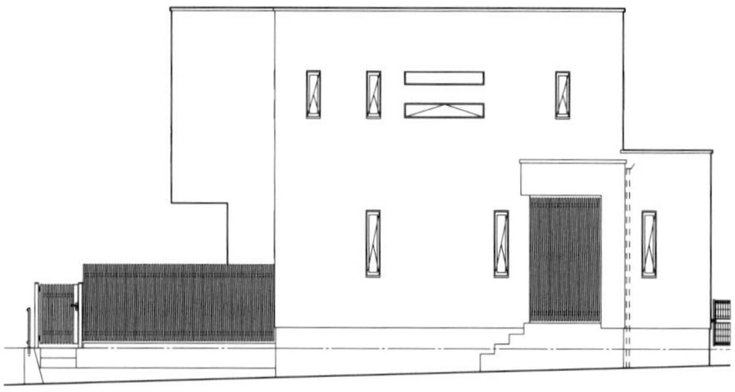

東立面図

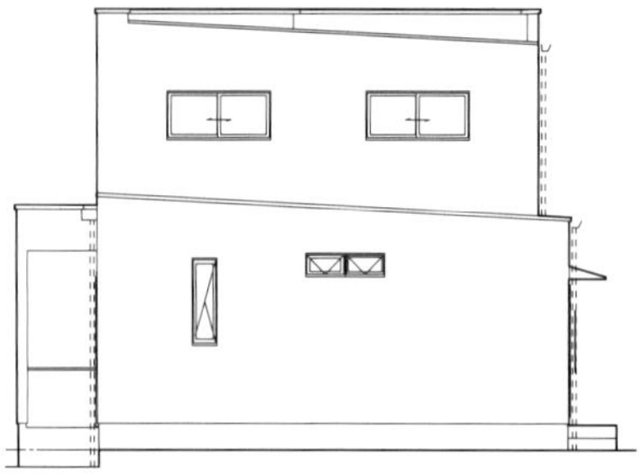

北立面図

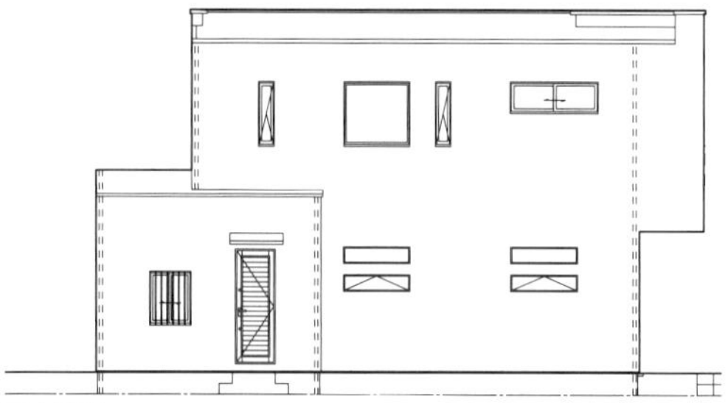

西立面図

外観テクニックのツボ

シンプルモダンで欠かせないのが、平らな屋根=陸屋根である。しかし、防水工法で陸屋根とするのは木造住宅では極めてリスクが高い。そこでお勧めしたいのが、「勾配屋根による陸屋根風表現」だ。具体的には立面図を見ていただきたいが、陸屋根としたい方向の屋根の端部にパラペットのような部分を設けている。この建物では2方向からの見え方を重視して2辺にパラペットを設けているが、3方からの見え方を考えれば3辺にパラペットを設ければよい。

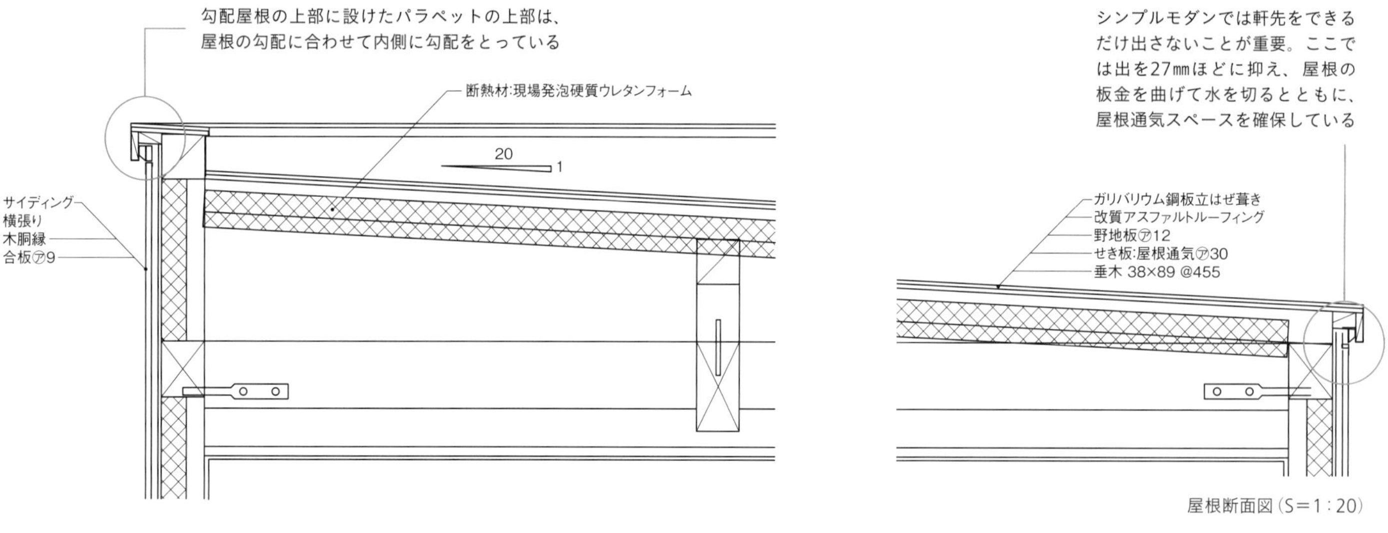
勾配屋根の上部に設けたパラペットの上部は、屋根の勾配に合わせて内側に勾配をとっている
断熱材:現場発泡硬質ウレタンフォーム
20
1
サイディング
横張り
木胴縁
合板⑦9
シンプルモダンでは軒先をできるだけ出さないことが重要。ここでは出を27㎜ほどに抑え、屋根の板金を曲げて水を切るとともに、屋根通気スペースを確保している
ガリバリウム鋼板立はぜ葺き
改質アスファルトルーフィング
野地板⑦12
せき板:屋根通気⑦30
垂木 38×89 @455

屋根断面図(S=1:20)

茶系格子×和モダン

茶系のアルミ竪格子の柵を設けた建物[「通り土間のあるの家」(平成建設)]。和モダンをより強調して、外観全体を引き締めている

和には、木をイメージさせる茶系の格子がよい。ただし、写真のようなシンプルなもの(トステム「コートライン」)が好ましく、あまり木に似せているものはかえってモダンな印象にならない。木製のほうがよいが、メンテナンス性を考えると、既製品のほうがベターであることも多い

TECH 2

既製品の格子で和洋を表現する

シルバー格子×シンプルモダン

シンプルモダンに活用したシルバーの竪格子。シンプルモダンの場合は、茶系で和を若干まぶしてもよいが、シンプルモダンの王道でデザインするならシルバーの格子がよい。シルバーは水切や基礎の色と馴染むため、統一感のあるデザインとなる

外観テクニックのツボ

格子は、外装材や屋根、窓などで構成される建物の外観のなかでも特にアクセントとなる要素である。木製の格子に代表されるように、和のアイコンとして使われる場合もあるが、シンプルモダンなデザインにシルバー系の格子を使えば、外観に変化を与えられるので、特に相性がよい取り合わせとなる。

TECH 3

バルコニーを壁内に納める

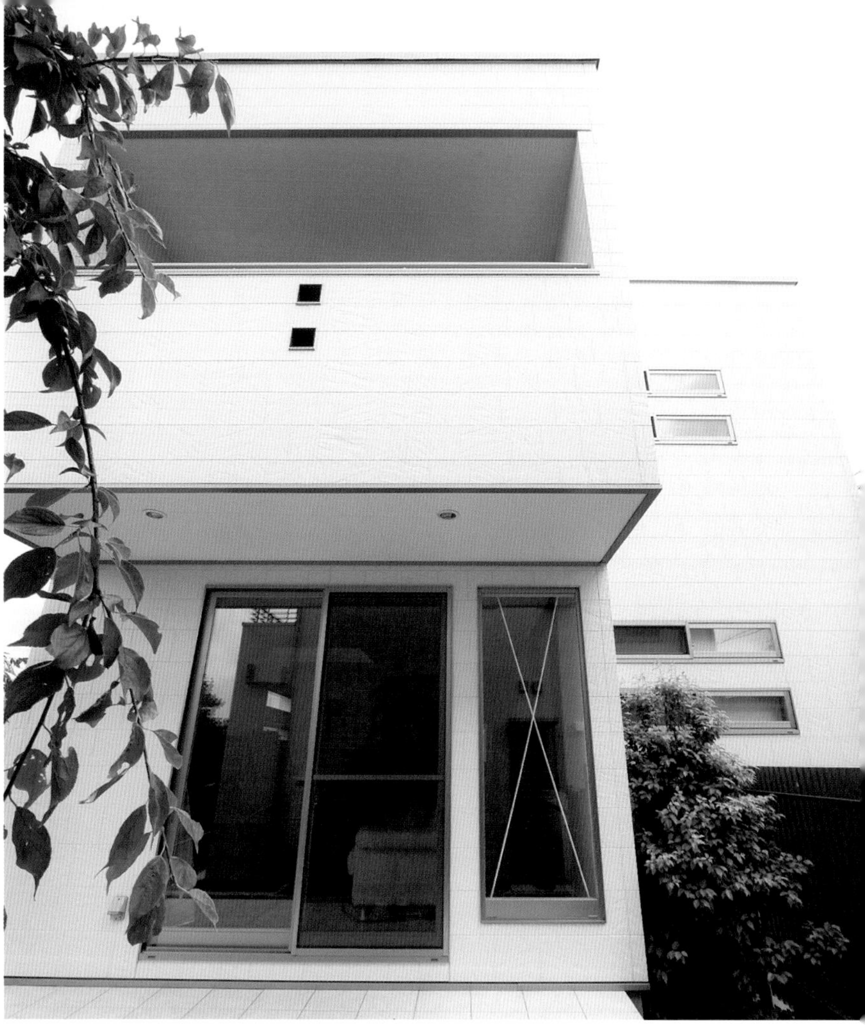

持ち出していながら左右に袖壁を設けることで建物と一体化させたバルコニー[「白いキューブの家」(平成建設)]。袖壁や軒裏、垂壁なども壁と同様の塗装で仕上げるのがポイント。手摺も目立たないものを採用している

外観テクニックのツボ

シンプルモダンでは家の形をできるだけシンプルにして、余計な出っ張りを避けるように設計しなければならない。バルコニーなども壁に外付けせずに壁内に納めるようにしたいが、完全にフラットの壁のなかに納めると、直下の部屋の雨漏りが不安にある。そこで、この事例のように2階だけ持ち出して、その中にバルコニーを入れ込むとよい。構造的にも安定しており、施工も容易で、漏水の心配も少ない。

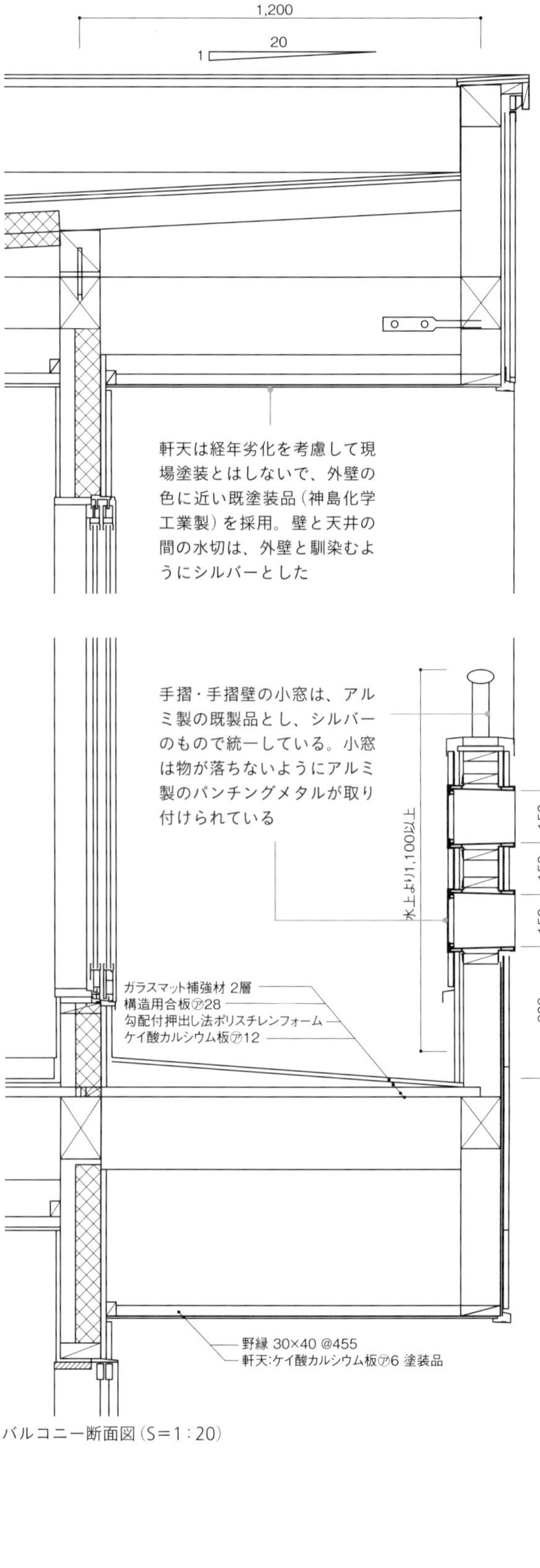
1,200
1
20
軒天は経年劣化を考慮して現場塗装とはしないで、外壁の色に近い既塗装品(神島化学工業製)を採用。壁と天井の間の水切は、外壁と馴染むようにシルバーとした
手摺・手摺壁の小窓は、アルミ製の既製品とし、シルバーのもので統一している。小窓は物が落ちないようにアルミ製のパンチングメタルが取り付けられている
水上より1,100以上
150
150
150
380
ガラスマット補強材 2層
構造用合板㋐28
勾配付押出し法ポリスチレンフォーム
ケイ酸カルシウム板㋐12
野縁 30×40 @455
軒天:ケイ酸カルシウム板㋐6 塗装品

バルコニー断面図(S=1:20)

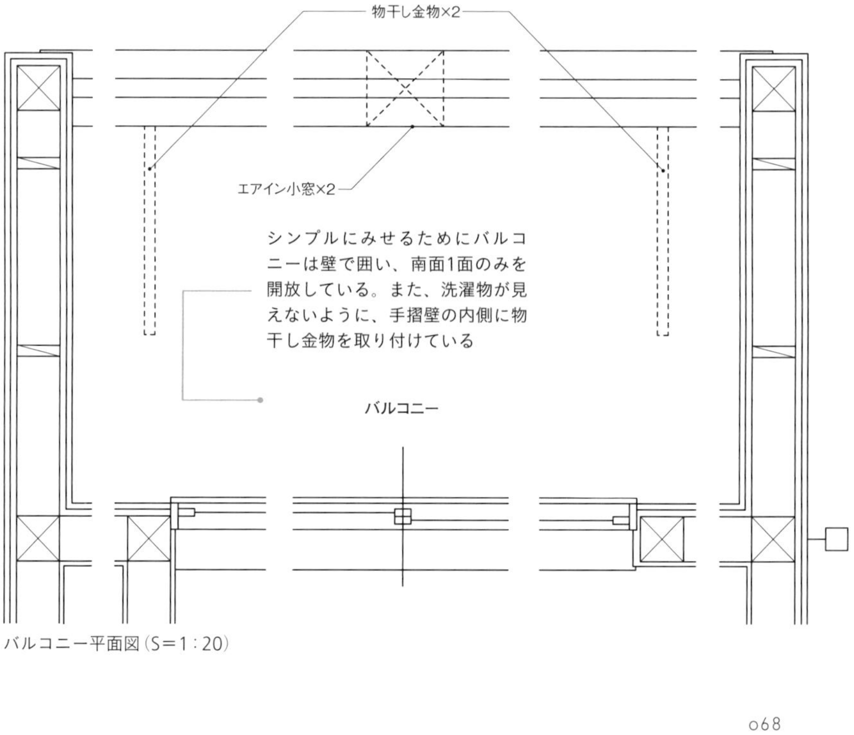
物干し金物×2
エアイン小窓×2
シンプルにみせるためにバルコニーは壁で囲い、南面1面のみを開放している。また、洗濯物が見えないように、手摺壁の内側に物干し金物を取り付けている
バルコニー

バルコニー平面図(S=1:20)

TECH 4

外観に影響を与える軒裏の見せ方

板張り

左／クリア塗装を施した幅100㎜のスギ板12㎜厚を軒裏に張った例[「安曇野HAUS」(デルタトラスト建築設計室)]。母屋を延ばして、その隙間にスギ板をはめ込んでいる

右／壁と同系色に塗装した幅102㎜のパイン12㎜厚を軒裏に施工した例[「涼風荘」デルタトラスト建築設計室)]。壁との一体感が生まれ、建物を塊のように見られる

ケイカル板

ケイ酸カルシウム板を軒裏に使った例[「すくすく^2」(デルタトラスト建築設計室)]。軒を大きく出した大きな屋根を採用したため、圧迫感がないように、軒裏を壁の延長とし、同系色の塗装で一体感を強調している

ケイ酸カルシウム板を軒裏に使った例[「寿砂の家」(デルタトラスト建築設計室)]。外壁と同系色ながらより明るい塗装を施している。2階の切妻屋根部分のみ、ケイ酸カルシウム板のジョイントに、壁から延ばした棟木や母屋で隠している

OSB

軒裏にOSBを施工した例[「涼風荘」(デルタトラスト建築設計室)]。断熱材をOSBで挟んだサンドイッチパネルを屋根に施工したため、そのままOSBを軒裏に露出している。ここではパネルを支える登り梁をそのまま軒裏に露出しているが、登り梁が軒先から1,200㎜出て厚くなるため、梁せいを細く加工している

外観テクニックのツボ

外観上、軒裏は屋根以上に目に入る場所であり、また外壁から突出したものであるため、どうデザイン処理するのかが重要な部位といえる。一般的なケイ酸カルシウム板の無塗装ではどうしても安っぽく見えてしまうので、和風やナチュラル系であれば、板張りか左官仕上げとするのが望ましい。また、ケイ酸カルシウム板を使う場合も、塗装したり、ジョイントを木材などで隠したりなど工夫したい。外観上は、屋根材よりも手間とお金をかけるべきなのが、軒裏である。

TECH 5

板張りで表現する外観スタイル

外観テクニックのツボ

板張りはどのような外観デザインでも合う定番の外装材。和洋問わず建物の外壁として長く使われてきた。しかし木材は、デザインに応じてうまく使い分けなくてはならない。ポイントは、張り方と塗装である。部分的に木材を張る場合は和風に見える一方、全体に張った場合は、塗装の仕方によってナチュラル系（クリア）にも、モダン系（着色）にも見せられる。また、張り方によってさまざまなデザイン様式の壁に見せられる。まずは縦・横どちらに張るか気を使いたい。

横張り×ナチュラルモダン

横張りの外壁の「安曇野HAUS」（デルタトラスト建築設計室）。ウェスタンレッドシダーのベベルサイディングを採用している。北米の住宅などで使われている材料なため、アーリーアメリカン調の外観の印象になる。クリアの塗装をしているため、モダンなログハウスのような印象もある

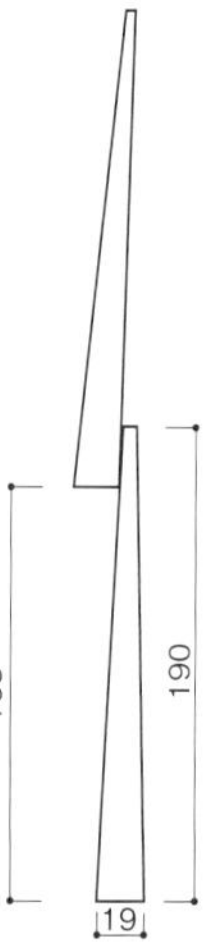

ヘベルサイディングの断面（S＝1：6）

竪張り×和モダン

140㎜のパイン材をキシラデコールで着色した例。明るいパイン材も、濃いめの着色をするとモダンな印象になる。写真のような横方向が強調される平屋など低い建物は、竪張りのほうが見た目のバランスがよい

着色したパイン材を1階の正面部分に施工した例［「鎮守の森の家」（デルタトラスト建築設計室）］。木板は定期的なメンテナンスが必要である点を考えると、部分的に使用するなら、1階に施工するのが望ましい。ほかの部分の外装が明るい塗装の場合や、無地のサイディングの場合には腰壁のようにも見え、和モダンとの相性がよい

横張り×シンプルモダン

横張りの木目調のサイディングを施工した例［「CORE II」（デルタトラスト建築設計室）］。板張りの場合も、このように着色した幅の狭い板を張ることで、シンプルモダンの外壁となる

TECH 6

木材の竪格子で和を表現する

戸袋×格子

全開タイプのアルミサッシを引き込む際、そのままでは和のイメージを台なしにしてしまうため、建築工事で戸袋をつくるとよい。ここでは格子状にデザインされた玄関ドアに合わせ、竪格子の戸袋とした。また竪格子を矩折れに連続させて、玄関ポーチからリビングへの目隠しとしている

外観テクニックのツボ

通風、採光、目隠しといった実用性をもつ格子窓は、町家のファサードを決定づけるデザインとして装飾性を高めてきた。その結果、今日においても日本的な表現の1つとして、広く浸透している。親子格子、切子格子などそのデザインは多岐にわたるが、京町家の竪繁格子が次第に繊細になった「千本格子」がその極致といわれる。繊細な格子のデザインは日本の伝統であるが、和モダンの家には、これを少し粗めにしたかたちや、くだけたかたちで取り入れるのがふさわしい。（岸未希亜）

戸袋に木製の竪格子を取り付けた「平塚の家」（神奈川エコハウス）。和の外観にとても馴染んでいる

目隠し×格子

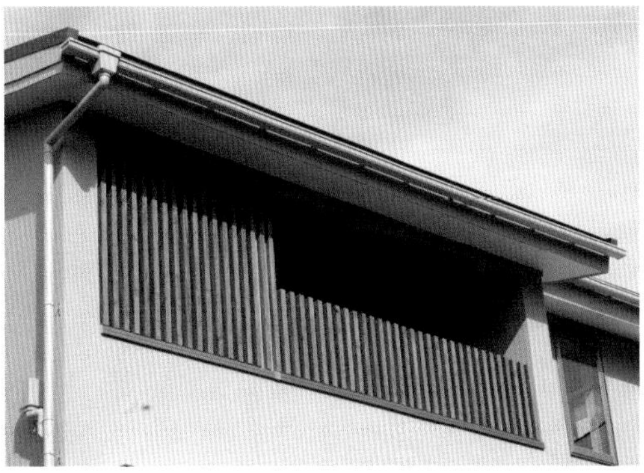

モダンな外観の建物に和のデザインを挿入する意図から、ベランダの手摺子を小間返しの竪格子で構成。目隠しと通風を両立させている［「町田の家」（神奈川エコハウス）］。ベランダ全体の1／3には窓がないため、軒裏まで達する竪格子とし、単調なリズムに変化を与えている

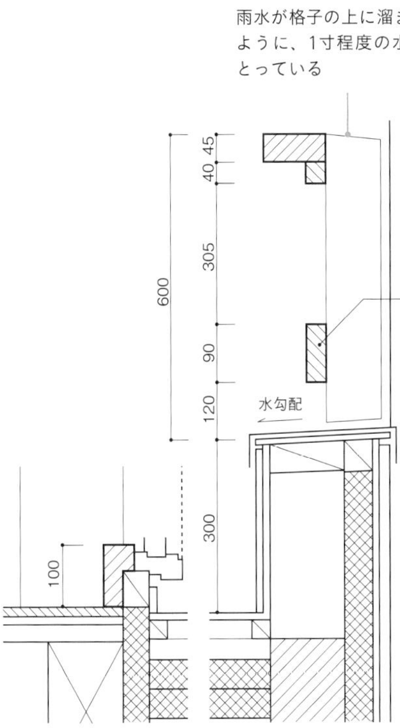
雨水が格子の上に溜まらないように、1寸程度の水勾配をとっている
90×30

格子廻り断面図（S＝1：12）

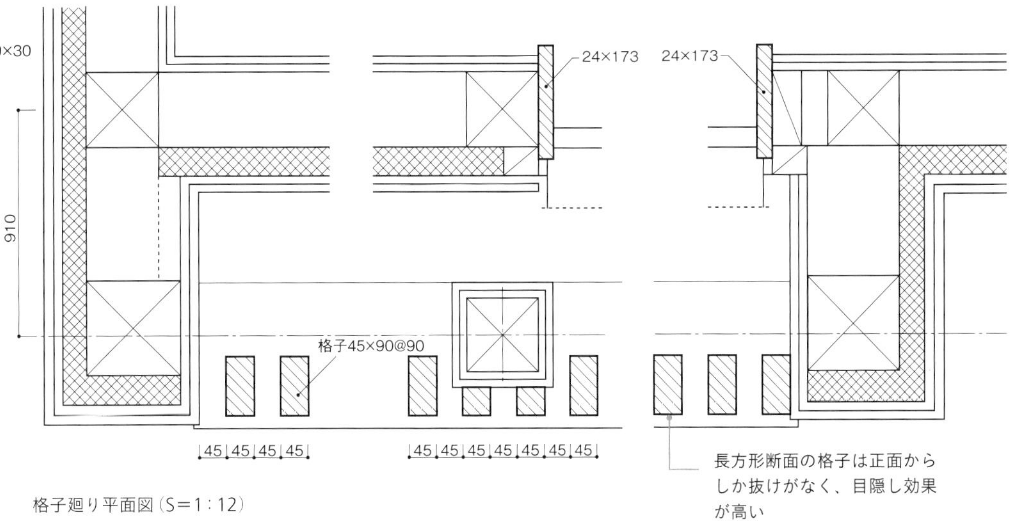

格子廻り平面図（S＝1：12）

円筒形の照明はシンプルモダンと相性がよい。現行品はシルバーのデザイン

「国立の家」
（参創ハウテック／カサボン住環境設計）

木と相性のよいブラウン系のスポットライト照明

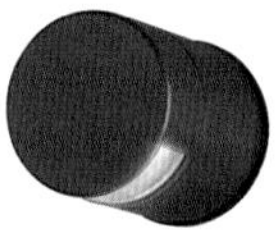

シンプルモダン系定番の玄関ドア。明るい色の外壁仕上げと相性がよい

丸形のシンプルな照明はモダン系のデザインと相性がよい

木目調のドアは、デザインの種類を問わず汎用性が高い。木の再現性の高いドアがベスト

「五本木の家」（参創ハウテック／カサボン住環境設計）

枠が強調されたデザインの外部照明。モダン系との相性よし

木目調のドアは白い壁との相性もよい。ナチュラルモダンとの相性がよく、シンプルモダンとしては若干柔らかい印象になる

「三郷の家」
（参創ハウテック／カサボン住環境設計）

シンプルなデザインの門柱はシンプルモダンと相性がよい

TECH 7

玄関をシンプルにする照明とドア

外観テクニックのツボ

建築的な処理で外観をデザインするのが難しいのが、玄関廻りである。防火や防犯・防水などの機能性が要求されるうえに、インターホンや郵便受けなどを必ず取り付けなければならないものが多いため、どうしても既製品に頼らざるを得ない。したがって、製品選びが重要なポイントになる。特にモダン系では、色の数が多いものや装飾過多なものは避け、四角や丸など単純なかたちで構成されるシンプルなデザインの製品を採用したい。

TECH 8

平屋を壁内に納める

横に長い縁側も効果的な和の木材使いのポイントとなる。動線の面でも効果的

外観テクニックのツボ

和モダンをはじめとした日本的なデザインの住宅の場合、建物の高さをできるだけ抑えるほうが外観上見栄えがよいことが多い。そこでお勧めしたいのが、平屋である。2階建てが中心のなか、抜群のプロポーションをもつ平屋の外観は、建て主の気を引くのに十分な魅力がある。ポイントは、シンプルな構成のデザイン。事例のように1,820㎜間隔で窓と壁で規則的に構成し、天井近くまで窓をとって、外からはサッシ上部の垂壁が見えないようにするなどの工夫が重要だ。

引違い窓と壁を交互に配置した「竜洋の家」（扇建築工房）のファサード。規則正しい間隔で配置されているため、やぼったくならない。左右の袖壁も外観をより引き締めている。また緩勾配の屋根も陸屋根のようなモダンな印象を外観に与えている

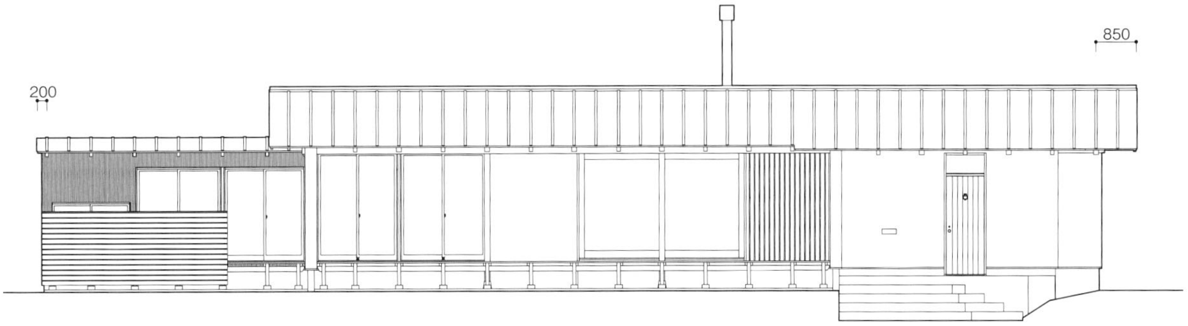

南立面図

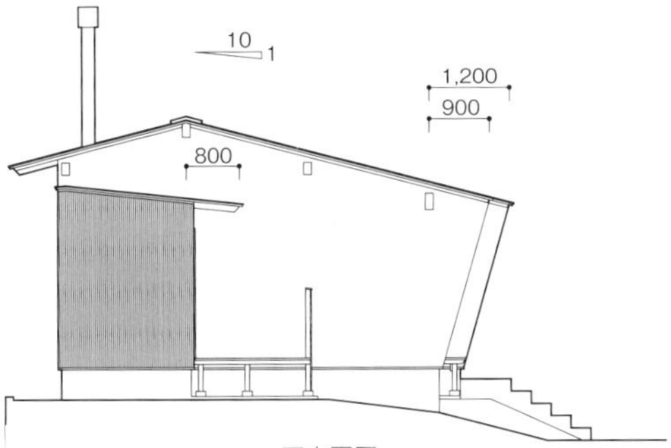

西立面図

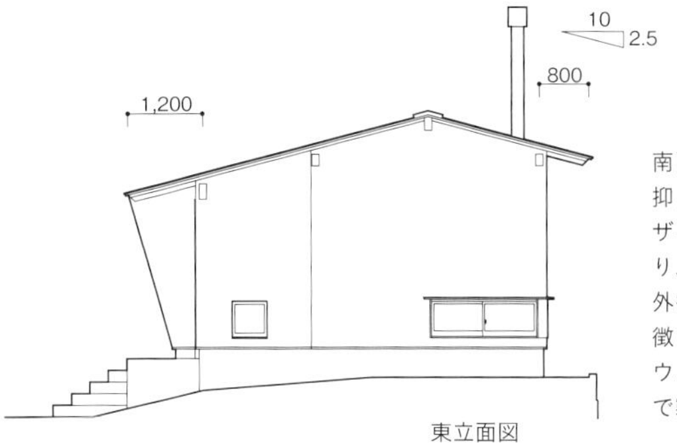

東立面図

南面以外は窓の面積を抑えるという、外観デザインのセオリーに則り、洗練された印象を外観に与えている。象徴的な煙突はガルバリウム鋼板製で板金工事で製作している

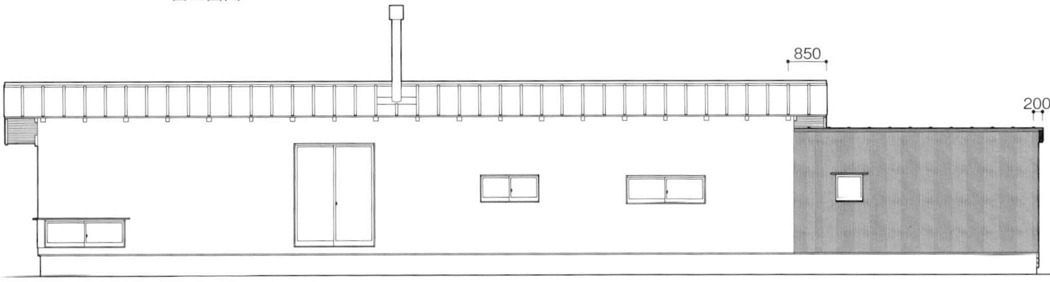

滝洋の家（S＝1：150）

北立面図

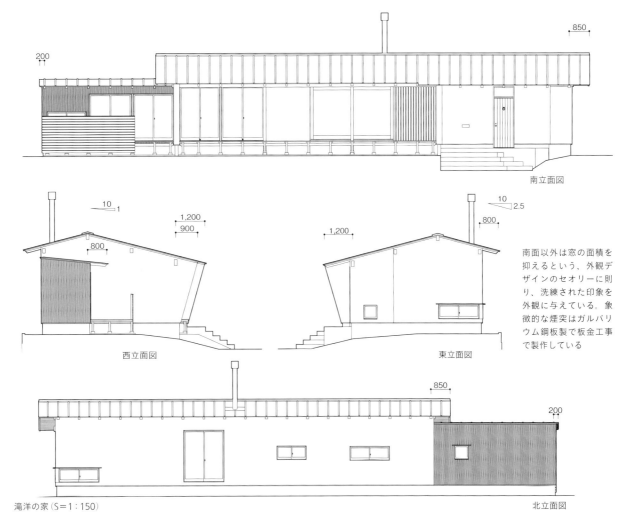

「深見の家」(扇建築工房)の外観。シャープな軒先をもつ外観は、内樋を設置することで成立している

軒裏から見た内樋。鼻隠し、破風板などすべてムク材で仕上げられている

TECH 9

内樋でシャープな外観をつくる

外観テクニックのツボ

和モダンをはじめとする日本家屋では、軒を出した勾配屋根が基本となる。そうなると外観上、建物から最もはみ出る軒先はできるだけシンプルなデザインにしたいところ。そこでお勧めしたいのが内樋である。建築家住宅などでは定番的に用いられている納まりだが、樋が完全に屋根内に収納されるため、見た目が非常に美しい。ただし、樋の雨水があふれてしまった場合は、下地などを濡らし、染みなどを引き起こすので、建て主に事前に了解を得ることが重要だ。

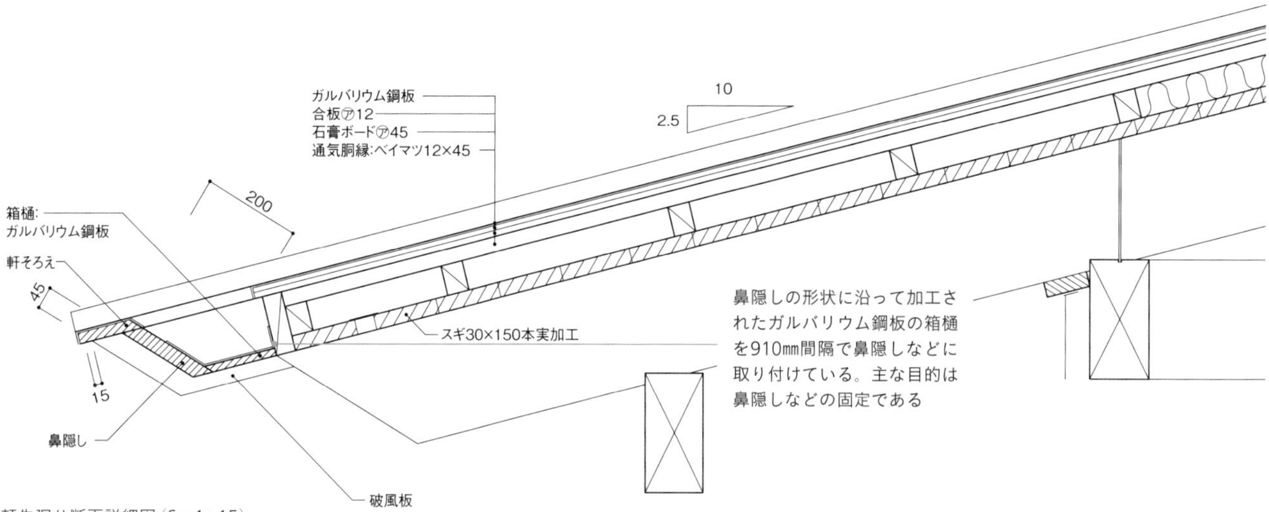

軒先廻り断面詳細図(S＝1：15)

外観は1つの部位で台なしになる

住宅のデザイン性を上げるためには、屋根や外壁の形状や色について考えることも大事だが、建物の構成要素(部位)を1つひとつ丁寧に設計し、正しく施工していくことが最も重要なポイントである。

たとえば、雨樋。屋根には必ず設けられるものだが、意識して取り付けている例はほとんどない。写真1はある標準的なデザインの住宅の外観だが、家全体に大量に取り付けられた雨樋がすべてを台なしにしてしまっている。特に屋根のコーナー部分に2本ずつ取り付けられている雨樋は外観をより醜くしている(写真2)。

こうなってしまった理由としては、設計者や現場監督が、施工業者に雨樋の設置場所を指示していなかったのではないかと考えられる。過剰な雨樋の本数を見る限り、施工業者は現場監督からの指示がないのをいいことに、自社の利益を優先して多めに雨樋を設置したようだ。建て主にとっては外観だけでなく、コスト面でも不利益を被ってしまった。

このような極端な例は読者には関係ないかもしれないが、設備機器や配線、換気口などがめちゃくちゃな位置に取り付けられたために外観が台なしになってしまうこともあるので、十分注意して設計・施工を行いたい[飯嶌政治(フォーセンス)]。

1 屋根に大量に取り付けられた雨樋をもつ住宅
2 軒先に2本取り付けられた雨樋

TECH 10

外観を損なわない既製品の樋

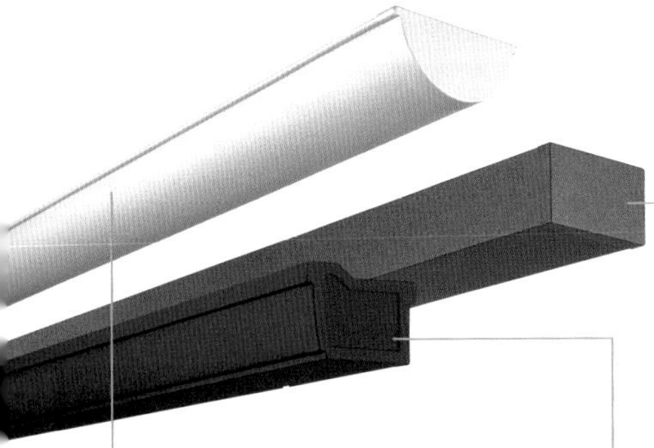

HACOよりはより樋の底部分の幅が狭いガルバリウム鋼板製雨樋「レクガルバ」（タニタハウジングウェア）を使用した住宅。HACO同様にシャープなデザインの住宅に適する

シンプルな半丸形のガルバリウム鋼板製雨樋「スタンダード半丸」（タニタハウジングウェア）を使用した住宅。華奢なせいか外観に馴染んでいる

矩形の箱形が珍しいガルバリウム鋼板製雨樋「HACO」（タニタハウジングウェア）を使用した住宅。直線的なフォルムのモダンデザインの住宅との相性がよい

外観テクニックのツボ

雨樋は、外壁から飛び出る屋根の軒先のさらに先端に取り付くため、小さいながらも外観上目に付きやすい。したがって、うまく処理しないと外観上の欠点となってしまう。雨樋のポイントは、とにかく目立たず、外観に馴染むこと。シンプルなデザインで、外壁や屋根の色に近い、モノトーンのものが望ましい。また、安っぽさがどうしても目立ってしまう塩ビ製のものはできるだけ避け、金属製のものを使用するとよい。

TECH 11

ナチュラルデザインに欠かせない窓とドアの工夫

窓×ナチュラルモダン

白い額縁の上げ下げ窓を取り付けた例（パパママハウス）。窓の周囲は、下地に木を張り、その上から塗装することでで鏝で盛り上げたように見える

白い額縁の両開き窓を取り付けた例（パパママハウス）。窓の周囲にはモールディングが施してある

外観テクニックのツボ

ナチュラルモダンが、和モダンやシンプルモダンと大きく違うのが、開口部材の選び方や開口部廻りの処理である。基本的に「目立たず、何もせず」が和モダンなどのルールであるのに対し、ナチュラルモダンは、「目立たせ、装飾する」が基本。ドアはフレンチドアに代表されるような木製の重厚なものを使い、窓も木建が望ましい。また、窓の周囲はモールディングなどで装飾するのもポイントである。

フレンチドア

シンプソン社製のフレンチドアの全景。かなり重厚なつくりだ

シンプソン社製のベイツガのフレンチドア。濃い目の色が外観と合っている

TECH 12

モダンデザインと相性のよい角波外装材にこだわる

ガルバリウム鋼板の代わりにALC板の角波タイプを外壁に使った例。黒く塗装することで落ち着いた印象になる。和モダン住宅の外壁として採用

角波×ALC

右のガルバリウム鋼板を使った事例[「7Skip floorの家」(平成建設)]。シンプルモダン系のデザインだが、建て主が金属板を前面に使うことに抵抗がある場合は、部分的に活用するだけでもシャープさを出せる

角波×ガルバリウム

通常のガルバリウム鋼板の角波タイプ。小波に比べてシャープな印象になる。端部に被せの役物が入るのがALC板との違い

外観テクニックのツボ

角波の外装材は外観にシャープな印象を与えるため、和でも洋でもモダン系であれば相性がよい。角波の凹凸がある外装材といえば、ガルバリウム鋼板製やアルミ製のものが中心だが、金属板がどうしても苦手という建て主に対しては、角波が彫り込まれたALC板を使えばよい。

chapter

3

今どきの外観・ファサード大解剖

外観を構成する屋根、壁、窓などの各部位や、色や形状の傾向から導き出された、
より具体的なデザインのルールやテクニックを解説する。
ファサード（正面）の外観をデザインするうえで、
バランスをとるのが難しいバルコニーや塀の扱い方についても触れる。

第一印象で好感がもてる外観の条件

住宅の外観に、強烈なインパクトを与える奇抜なデザインは必要ない。
多くの人が「素敵ね」と思えるような品のある普遍的なデザインを追求したい。

1：住宅の外観の美しさは、夜景を撮るとよく分かる。窓からこぼれる明かりが温かみのある印象を与え、ぐっと好感度を上げる（撮影：石井紀久）

無理のない整合性のとれた構造体であること。本質が美しくないと外形は美しくならない

住宅の外観は、ステイタスであると同時に、住む人のセンスを表す。いわば車や洋服と同じようなもので、不特定多数の人が目にするため、嫌味がなく、誰が見ても好感がもてるようなデザインを提案したいものである。

外形をつくっているのは、骨格、すなわち構造である。木造軸組構法であれば柱と梁による骨組みのことだ。建物にかかる力は上から下へと骨組みを介しながら流れていくが、この自然の力に沿った無理のない骨組みとなっていれば、おのずとカタチも整ってくる。上から下へと力の流れがスムーズに伝わっていくためには、上下階の柱や梁が、規則正しく立体格子状になっていることが重要だ。外郭の出隅に必要な通し柱が上下で一致していないなどは問題外。1階と2階の輪郭が一致する「総2階」が最も分かりやすい例といえるだろう。

きれいな外形をつくるためには、間取り中心に設計を行ってはいけない。ある程度、外からの見え方（窓の位置も含め）も頭に描きながら、それに合わせてプランを立てるようにする。これを心がけるだけで、外観デザインはぐっと洗練されるはずだ。

設計・施工：チトセホーム

自然素材を取り入れた和テイストは年代を問わず好まれる

2～5：全体的に木製の比率を高め、自然素材の使用を強調している。ただし、木を使用しているのはメンテナンスしやすい部分に限っている
6：1階屋根は、1／15勾配にして水平を強調。側面から見たときに破風の幅を揃えるために寄棟で葺いている
7：目立たないが、窓の天端の納まりも外観をすっきり見せるのに効いている

写真2の住宅は、3×5間の総2階に和室とベランダが付属したシンプルなカタチである。軒高が抑えられていることで、実際の比率以上に横長に見える。屋根の軒の出は1200㎜。これらが和を感じさせる理由である。屋根は3寸勾配として、妻面の面積をできるだけ小さくしている。ここが広いと間が抜けてしまうからだ。一方、緩勾配は軒高が上がってしまうため、窓の上部の間伸び感をなくすために軒を出して解消している。屋根をバランスよくきれいに見せるための工夫である。

　また、目に飛び込む木材の面積が多いのも特徴の1つ。防火規制のかからない2階のベランダの手摺を木製にしている。同じことが木製フェンスとウッドデッキにもいえる。これらによって外壁には木を張っていないにも関わらず、木質感を強調することができる。

　このほか軒裏の防火サイディングの上に木を張ることも可能。高級旅館などの軒裏には木を張っていることが多いが、これは訪問者にも目に付きやすいためで、高級感が伝わりやすい。

　最後は、植栽を入れること。これだけで好感度が上がるのだから、手を抜いてはもったいない。このとき外側からどう見えるかも大事だが、室内からの見え方にも配慮する。

屋根に表情をつける

外観の印象を大きく左右するのが屋根である。
最近の住宅の外装材は、サイディングか吹付け、ガルバリウム鋼板に決まってきているので、
複合屋根にするなど、屋根の見せ方で変化をつけた提案が目立ってきている。

TECH 1

複合屋根で変化をつける

小さな片流れ屋根を重ねて変化をつける手法が流行している。シンプルで現代的な印象を与えられる。

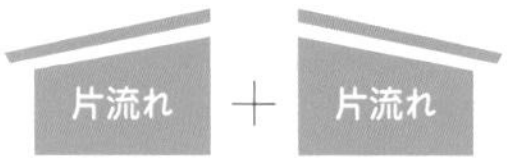

ナチュラルモダンに最適

1棟が奥まって見えるので、屋根の見え方としては左が小さく見え、見え方に変化がつく

片流れの屋根を、ほぼ左右対称のように棟ごとに配置している

破風の色は外壁のグレーよりも濃いものを用いると締まって見える

左の事例とは逆向きに配置した例。棟の大きさを変えて変化をつけている

雨樋はブリッジの部分に回して落としている

手前の屋根の「とんがり」がデザインの要なので、勾配は可能な限りきつめになる

破風やベランダ手摺、サッシ枠が白い線状に見えるように気を配っている

ブリッジ部分の屋根は緩い切妻になっている

陸屋根 ＋ 陸屋根　シンプルモダンの応用編

「シンプルモダン＝箱型」の応用例。高さにくっきり差をつけないと変化がつきにくい

1つの棟の外装材を左官仕上げにすることで、ナチュラルな印象を付加している

切妻 ＋ 切妻　かわいらしさが強調される

切妻という「イエ型」が連なることで、かわいさが強調される

破風を含めた全面を白色で統一していることが、印象のまとまりに効いている

屋根の納まりは前後同じ。破風を白に目立たせることで屋根の連なりを強調している

切妻屋根を前後で重ねるデザインも最近よく目にする。棟をずらすのがポイント

バルコニーを配することで、前面の切妻部分と表情が異なり、単調になるのを防いでいる

切妻屋根を前後に並べたような見え方。相似形に近いボリュームが効いている

建築家の目1

今どきの髪型を考えながら屋根のかけ方を考える

総2階建て住宅のメインとなるファサードは、単純化すると人の顔に置き換えることもできます。数分間、画像をじっと見てください。顔に見えてきませんか？

そこで屋根を人の頭部のイメージに置き換えます。そして頭部に髪型や帽子を付け足してイメージを膨らませます。また髪型同様屋根の組み合わせも時代や流行に左右されます。たとえばブロックカットのイメージも1つの方法かもしれません。イメージを具体化することでデザインの曖昧さを排除し、新たな方向性を見い出せる手がかりになります。顔はその一例です。（西本哲也）

できるだけ大きめの窓を1カ所に集約する

パラペットを立ち上げてバルコニーのプライバシーを保つ＋ボリュームを確保

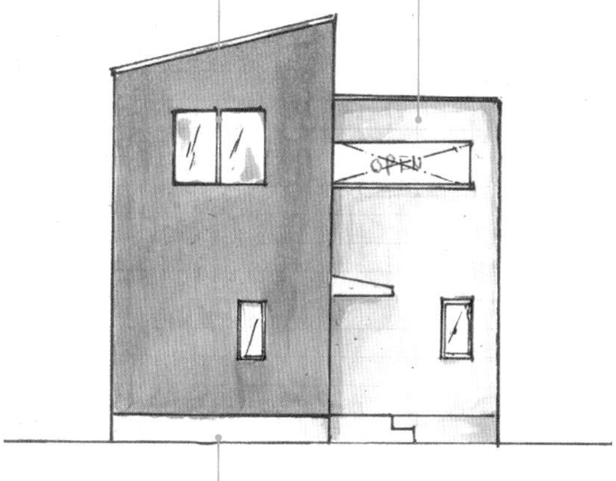

7:3のイメージ。大き目のボリュームに個性的な屋根

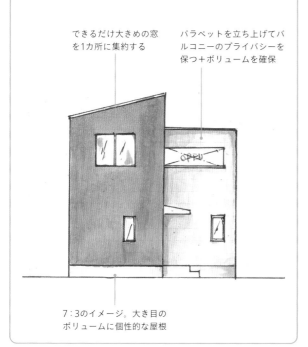

片流れ ＋ 陸屋根　モダンな印象を少し緩和する

屋根勾配は緩めに抑え、右棟の陸屋根風の屋根とそれほど差がつかないようにしている

右側の棟は陸屋根風。後方にゆるやかな勾配をとった片流れ屋根になっている

陸屋根のボリュームだけを見ると典型的なシンプルモダン調のデザイン

見た目に棟が分かれていないときは、片流れ部分は急勾配にして変化を強調する

異なる屋根形状である片流れ屋根を背後に絡ませることで、奥行きが伝わりやすくなる

陸屋根が載る部分は大きな窓を強調し、高級感あるモダンなイメージに

陸屋根風に見せた棟はファサード側に窓がなくシンプルモダン風の外観

片流れの屋根面が小さい場合、勾配を急にすれば、変化をつけたことが伝わりやすい

切妻 ＋ 陸屋根　家形のかわいらしさを生かす

切妻屋根がないと「四角い箱＋ポツ窓」という典型的なシンプルモダン調の外観になる

背後に異なる形状の屋根があることで、建物の奥行きが意識されやすくなる

四角いファサードにちょこんと切妻屋根が載ることでかわいらしさを表現している

切妻屋根を2つ設け、かつ一方の外壁の色を変えて存在を強調することで、かわいらしさが増す

TECH 2

陸屋根は軒裏を見せる

陸屋根で屋根自体を主張する場合、軒裏を見せることで屋根の平滑性や軽さを強調する。

軒先を2つに分割し、軒裏を控えめに見せることで、かわいらしさを醸し出している

破風と軒裏を同色でそろえ、外壁とは対照的な焦げ茶色にしているのが効いている

軒先に変化をつけたタイプ

フラットサーフェスのボリュームからバルコニー部分を抜くことで、軒裏を見せている

軒裏を白で塗装することで、外装の青色との対応と陸屋根の平滑性を強調している

フラットサーフェスタイプ

袖壁と軒先をほぼ同面で構成することで、門型を強調するデザインとなっている

軒裏の仕上材にはムク材を張っている。塗装はしていないようだ

袖壁一体タイプ

破風下の細い外壁部分は軒先の水切と色を変え、袖壁と同じ色の鉄板を張ることで、門型を強調している

軒裏の色は陰影を強調するために外壁よりも濃い色を選択すると効果的である

大きなバルコニーを設けることで軒裏の露出面積が増え、屋根の平滑性が強調される

大屋根強調タイプ①

ファサードに窓面が少ないこともあり、余計に屋根に目が行きやすくなっている

3方向に軒裏を見せることで、屋根の水平性と大きさを強調している

大屋根強調タイプ②

TECH 3

和に転ばせるには下屋が命

和風を表現する最も有効な方法は屋根の操作。下屋や土庇による「2層の屋根」が基本となる。

下屋の屋根は2つに切り分け、レベルと大きさを変えることで変化をつけている

2階の屋根は切妻で横長の瓦葺きという和風住宅の王道のデザイン

「3層の屋根」で水平方向を強調

大きな土庇を架けることにより、「2層の屋根」という和に見える条件をクリアする

屋根形状は「イエ型」の切妻だが、金属屋根では和の雰囲気を醸し出すには至らない

土庇を活用して和に転ばせる

2階の屋根面は瓦があまり見えないが、下屋の屋根面をしっかり見せて和を強調している

小さくても下屋を設けることで「2層の屋根」になり、和の雰囲気が出てくる

瓦葺きと下屋で和を表現する①

2階部分は左右対称の妻壁のデザインもあって、オーセンティックな洋風住宅風

瓦葺きの切妻屋根に下屋が組み合わされることで和の雰囲気が醸し出される

下屋を設けて和を表現する②

建築家の目2

日本家屋の下屋はスカートを意識してデザインする

下屋付きの日本家屋は女性の姿をイメージします。この場合2階の屋根は頭部であり、下屋はスカートなどに置き換えられます。

スカートはしなやかさや気品を意識し、裾の視線が水平ラインに伸びるように工夫します。人にたとえた場合、スカートの内部が見えるかどうかというところがポイント。チラリズムの色気と同じです。(西本哲也)

軒の出は大きめに

2階のボリュームを抑える

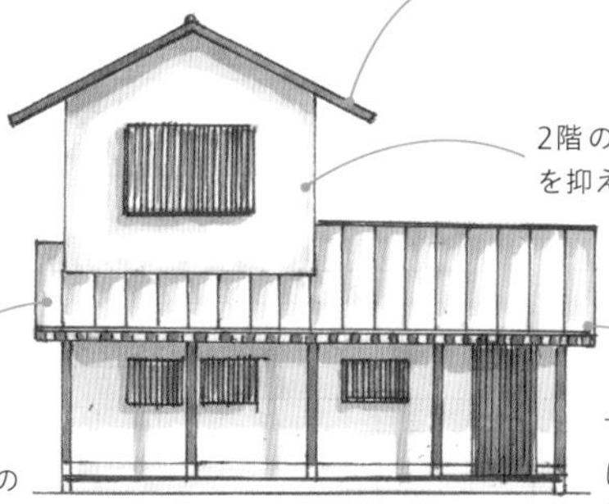

下屋は軽めの屋根

下屋の軒先を低めに設定。軒裏は木露しとする

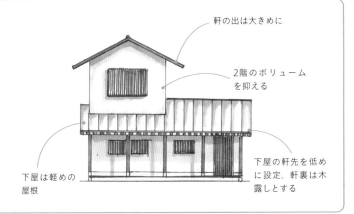

窓を隠す

建築の場合、表層に出てくる要素（窓）が少ないほうがデザインはきれいに見えやすい。
いろいろな手法を用いて窓をうまく隠すことでファサードを整理され洗練さが加わる。

TECH 1

ルーバーで隠す

窓を隠しつつ、窓としての機能もある程度もたせるには、ルーバーが一番適している。

大きな横ルーバーで中庭部分を覆うことで、外壁面をシンプルにまとめている
横ルーバーとすることで、方向性と関係なく外部からの視線を遮蔽することができる

横ルーバーで目隠しする

2階の竪ルーバーは面格子に代わるとともに、外観を整える効果を担っている
1階の竪ルーバーは目隠しよりも奥行きの表現と和の雰囲気を出す効果が狙い

上下階で竪ルーバーを活用する

建築家の目 3

ファサードをよりよく見せる前髪のようなルーバーの効果

家の全体像が顔に見えてきた場合、開口部のサッシは、目や口のイメージに置き換えることができます。そしてルーバーは、目や口を隠す前髪や髭です。人は髪型によって容姿の印象が劇的に変化するように、ルーバーにもその効果を期待できます。

ポイントは縦横の見切りを明確にしたうえで、個性を考慮したうえでバランスよく設置することです。（西本哲也）

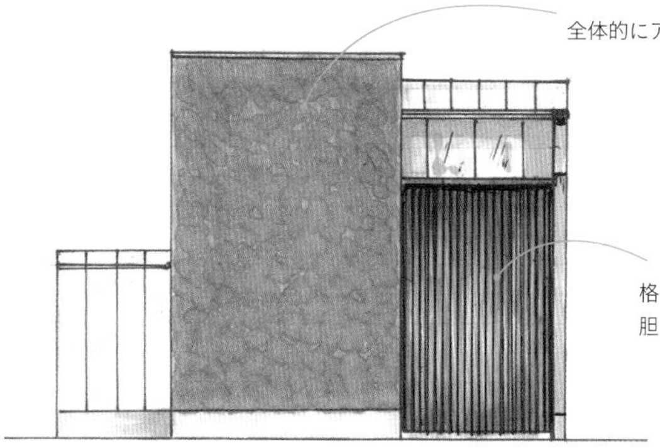

全体的にアシンメトリー
格子は窓の前に大胆に設置

TECH 2

バルコニー･壁で隠す

2階バルコニーの手摺壁を立ち上げ軒先を出すことで、2階の窓が隠れ、外観が整理される。

手摺壁を高めにし、2階の窓が地上から見えないようにすることで外観を整理している

パラペットの見付け部分と手摺壁の仕上材をそろえて1つのボリュームに見せている

手摺壁＋パラペットで隠す

手摺壁を高めに立ち上げて、地上から2階の窓が見えないようにしている

軒を出すことで窓上部が見えなくなり、手摺壁の効果と併せてすっきりした外観となる

手摺壁＋軒先で隠す

細かいメッシュフェンスは通風効果と視線遮蔽効果のバランスがよく、使いやすい製品

軒を出すことで地上から窓の上部が見えないようになる

細かいメッシュフェンスを手摺壁に用いることで、窓が見えにくくなっている

メッシュの手摺壁で隠す

外壁と同じ木で仕上げた手摺壁を立ち上げ、窓を隠すことで木のボリューム感を強調

大きな袖壁により建物の端にある子壁が遮蔽され、外観が整理される

手摺壁＋袖壁で隠す

建築家の目4

バルコニーはデザインしすぎないことが大事

バルコニーは、顔にたとえると、マスクや眼鏡のイメージに置き換えることができます。マスクや眼鏡が顔に与える影響が大きいように、バルコニーも外観（ファサード）に対して同様の効果があるといえます。

したがって、デザイン力に自信がないのであれば、バルコニーはデザインしすぎないことをお勧めします。格子など定番の形状を選択し、素材感で主張するのが無難です。（西本哲也）

バルコニーはシンプルに素材のもつ質感を主張

TECH 3

スリット壁で隠す

窓や玄関扉の前にスリットをもつ壁を設けることで、採光や通風を図りつつ外観を調整する。

2階まで壁を延ばして壁面を覆っている。こげ茶色にして前後の壁と対比を強調している

ポーチや玄関ドアを隠すとともに、玄関の明かり採りとしてFIXガラスのスリットを開けている

全面を覆うスリット壁

壁の奥には窓などはないが、プロポーションを整えるために2階途中まで立ち上げている

玄関の目隠しとして設けたスリット壁。スリット部分は孔になっている

玄関廻りを隠すスリット壁

TECH 4

植栽で隠す

樹木で窓を隠すのは一番自然で、どんなデザインの建物にもフィットする手法である。

葉が茂っていると、1本の木でも道路面からの視線はかなり遮蔽することができる

バルコニー側に植栽するのがセオリー。洗濯物や人の出入りを見せずに済む

植栽でバルコニーを目隠し①

竣工時に2m程度の木でも、数年で十分に育つ。大きな木を植えるとそれなりの金額になる

プランや暮らし方にもよるが、大きな窓のあるバルコニー前に植えるのがセオリー

植栽でバルコニーを目隠し②

建築家の目5

スリット壁は潔さにこだわった本物の素材で

スリット壁はルーバーと同じように、建物の顔の印象を薄め、あるいは補完するものであると考えてよいでしょう。建物の表情を隠すようにスリット壁を設けます。スリットは閉鎖的な印象を軽減するだけでなくチラリズムにもつながります。

外壁（スリット壁）は、左官塗や板張りなど本物や潔さにこだわった存在感のある素材を選定することがポイントです。（西本哲也）

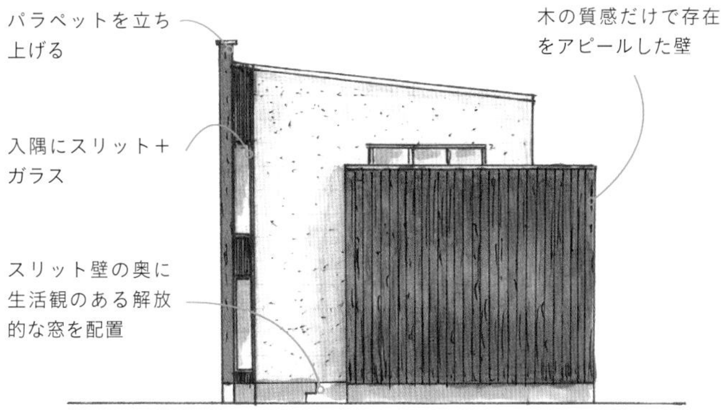

奥行きを与える

外観を整える意味で奥行きを表現することは有効な手法である。
プラン上の必然性があって生じる躯体の出入りや、
バルコニーの手摺などの付属物の取り扱いを工夫することで、好ましい奥行き感を自然に演出することができる。

TECH 1

平面の操作

平面プランの操作によって、躯体に自然な出入りが生じる。それを意匠として積極的に生かす手法。

2階をキャンチレバーにすると確実に外観のインパクトが強くなる

全体がオーバーハング

半分をセットバックするプランの場合、ボリュームごとに仕上材を変えることが多い

手前に機能門柱や植栽、ルーバーを設けることで、建物の奥行きが強調される

右半分がセットバック

2階の一部をオーバーハングさせ、さらに陸屋根の軒を出すことで奥行きを強調している

部分的なオーバーハング

バルコニーをオーバーハングさせることで凹凸感を強調している

中央のバルコニーと左右のそれにレベル差を設けることで、より一層凹凸感が強調されている

バルコニーで出入りを表現

TECH 2

バルコニー・ブリッジの利用

バルコニーや分棟をつなぐブリッジで外観に凹凸を設けるのは、応用性が高く、効果的な手法である。

バルコニー 汎用性が高い手法

透明ポリカ（ガラス色）の手摺壁は、ほどよい奥行き感を演出するので非常に使いやすい

後ろの窓が透けて見えるので、窓の配列などにも気を配る

透明ポリカのバルコニーの利用

細い軒先の屋根ラインや枠の見えないサッシなど、線を減らした設計と木の対比が効果的

木製のバルコニーは躯体から持ち出すかたちになっており、全体のすっきり感を阻害しない

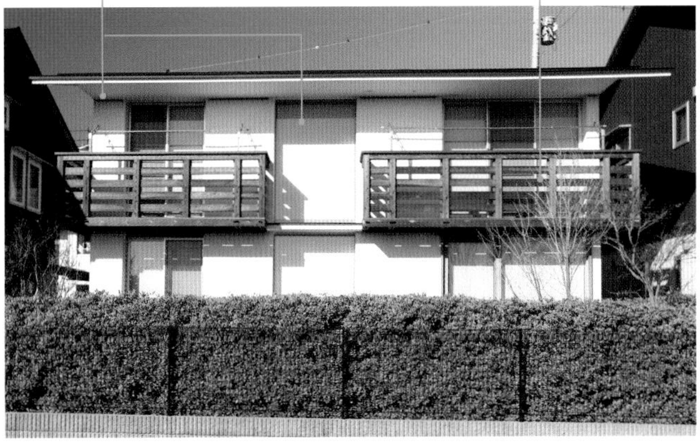

木製のバルコニーで変化をつける

スチールの手摺に乳半のポリカを張って仕上げることで、ほどよい存在感になっている

四角形の躯体に三角形のバルコニーを組み合わせて、うまくアクセントになっている

三角形のバルコニーを跳ね出す

幕板で水平方向を強調するとともに、背後に大きな開口部を覗かせて奥行きを感じさせている

吊りバルコニーとすることで、等ピッチで並ぶ吊木がよいアクセントになっている

吊りバルコニーを生かす

ブリッジ 自然な奥行きが生まれる

コの字形のプランとし、左右のボリュームを変えることで自然な奥行きが生まれる

ルーバーで左右面を揃えることで、奥行き感を調整する。部分的な視線の遮蔽も兼ねている

中庭で左右を分ける

バルコニーを手前にオーバーハングさせるとともに、手摺の奥を覗かせて奥行きを表現

手摺は外壁と同色としている。バルコニーの両側からサッシ脇に雨樋を落としている

左右をバルコニーでつなぐ

TECH 3

塀・パーゴラの利用

外構は後回しになりがちだが、塀と躯体をうまく組み合わせると、奥行きを自然に表現できる。

塀　外装との組み合わせを工夫する

堀を2段階で構成して、かつ高さを変えることで意匠上の変化が伝わりやすくなっている

外壁と色をそろえ、かつ左官調の仕上げとすることで、全体の印象を柔らかなものにする

外装と塀の色・かたちを合せる②

堀と外壁を同じ色調で仕上げて、ファリードに溶け込ませている

大きな庇により外壁が横に分割されているので、門扉のプロポーションと親近性が高い

外装と塀の色・かたちを合せる①

パーゴラ　オープン外構に向く手法

カーポートの屋根としてパーゴラを設ける。存在感が強いので、奥行きを表現しやすい

アプローチも車庫部分に組み入れることでパーゴラの寸法を大きくし、存在感を高める

カーポートにパーゴラを設ける

バルコニー手摺壁と同様に横長のボリュームを塀で表現し、素材の違いを対比させている

塀で窓を道路から隠し奥行きを表現するとともに、玄関までの距離感を強調している

異素材を対比させる

建築家の目6

本物志向の素材と、建物の外観とのバランスで考える

　塀やパーゴラは家とは切り離された部分であり、建物全体としてのまとまりも必要です。たとえば、靴やかばんに置き換えて考えます。よい雰囲気に見せるポイントは、家の外装で使用した素材のなかから、できるだけ本物に近い素材や高級感のある素材を選んで使用することです。家の外観が特徴的なより個性を強調した塀やパーゴラとし、逆の場合は質素にまとめることがポイントです。ギャップを狙う手法もあります。（西本哲也）

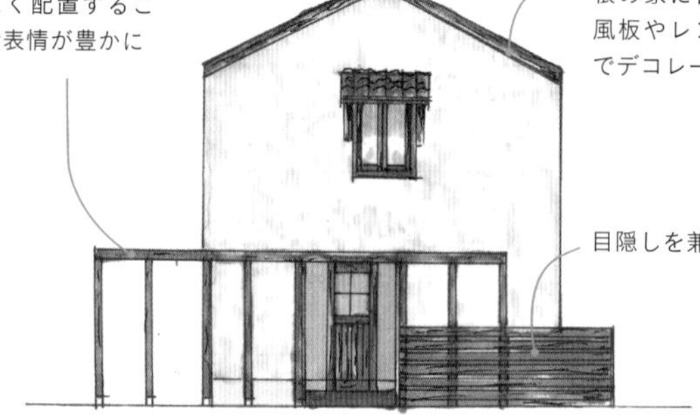

パーゴラをバランスよく配置することで表情が豊かに

シンプルな切妻屋根の家に古材の破風板やレンガの庇でデコレーション

目隠しを兼ねた板塀

外壁の色を振り分ける

定番の手法だが、部分的に外壁の色や素材を変えるのは、デザインをまとめるうえで非常に効果が大きい。
ただししっかりしたルールがないと、単なるお絵描きになってしまう。
昨今の塗り分け、張り分けの傾向について、タイプ別に分類してみた。

TECH 1

左右で振り分ける

一番よく見かけるのが左右に振り分ける手法である。ボリュームごとの変化や窓廻りだけ変えることなどが一般的だ。

左右

比較的フラットな仕上げ塗り材で仕上げている

窓廻りは木材風の窯業系サイディングを縦張りにして仕上げている

塗り材とサイディングの対比

テクスチュアのある左官調の仕上げ塗り材で仕上げている

右側のボリュームはテクスチュアの浅い仕上げにしている

塗り材の色やテクスチュアを変える

左端は木材風の窯業系サイディング、窓廻りはガルバ風のリブ付き窯業系サイディング

右側部分は窯業系サイディング下地に塗装、ルーバーはアルミ製

3種類のサイディングを張り分け

蔵のような左側のボリュームは白色の左官材をコテムラを残して仕上げている

右側のボリュームはタイルを張って仕上げている

左官とタイルを対比させる

TECH 2

上下・入れ子状に振り分ける

上下階などで色分けする場合は、切り分け方のルールとともに素材の対比が印象を決める。

上下　切り分け方に工夫が必要

濃紺の金属サイディングを縦張りにしている。下部のサイディングに重ねたように見せている

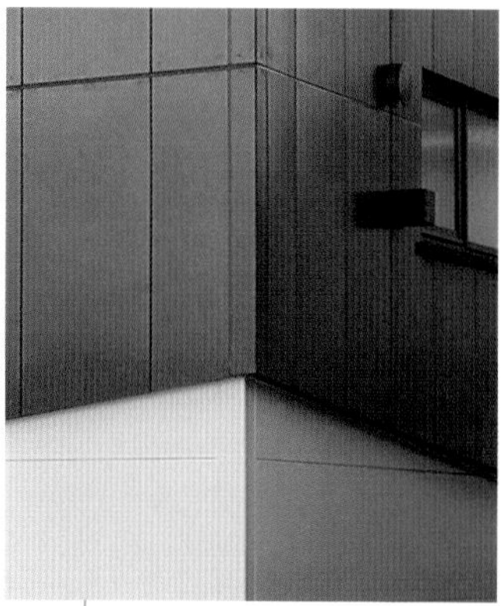

色の違う金属サイディングを「重ね着」したような納まりになっている

下部は白い金属サイディングを横張りにしている

金属板を色違いで張り分ける

テクスチュアの違うサイディングを張り分けている

建物の下部は石目調の窯業系サイディングを横張りにして納めている

色違いのサイディングを張り分ける

入れ子　バルコニー部分を取り込む

上部は白い塗装で仕上げている

下部はリブ付きの窯業系サイディングを縦張りにして仕上げている

塗装とサイディングで張り分ける

上部は目地を切ったうえで、白色の塗装で仕上げている

腰壁の部分は、板金で見切ったうえで、黒く塗装した木材を張っている

左官材と木材を張り分ける

左側のボリュームはリブ付きの窯業系サイディングを横張りして、ぴったり3スパンで納めている

右側のボリュームにはフラットな窯業系サイディングを用いている

テクスチュアの違うサイディングを張る

TECH 3

スリット状に異素材を入れる

スリット状に異種材料を入れる場合は、インパクトの強い素材が求められるので選択肢が限られる。

横長の窓の幅に合わせて、木材風の窯業系サイディングを張っている
バルコニーの手摺壁も同じ木材風の窯業系サイディングで仕上げている
白い部分は石目調の窯業系サイディング

木材風サイディングの利用①

バルコニーの見付け部分にタイルを張ってアクセントにしている
左右のボリュームの仕上げは色違いの左官調の仕上げ塗り材

タイルの利用

木材風の窯業系サイディングが竪張りでスリット状に張られている
白い壁の部分には石目調の窯業系サイディングが張られている

木材風サイディングの利用②

緑色の部分の外壁材はラップサイディングを竪張りしている
窓廻りをモールディングとセットになった化粧パネルで仕上げている

モールディング+化粧パネルの利用

建築家の目 7

スリットは凹凸のある個所の入隅に入れるのが基本

スリット状の異素材を住宅の外観に用いる場合は、同一面にスリットを入れるよりも、凹凸のある部位で見切ると見栄えがよくなります。凹凸は壁をふかす手法やバルコニーを変形させてつくる手法などがあります。

ただし、凹凸(出隅入隅)が多くなるとコストアップにつながります。凹凸なく同一平面で異素材を使用する場合は、素材や色の相性だけでなく全体のバランスも考えましょう。(西本哲也)

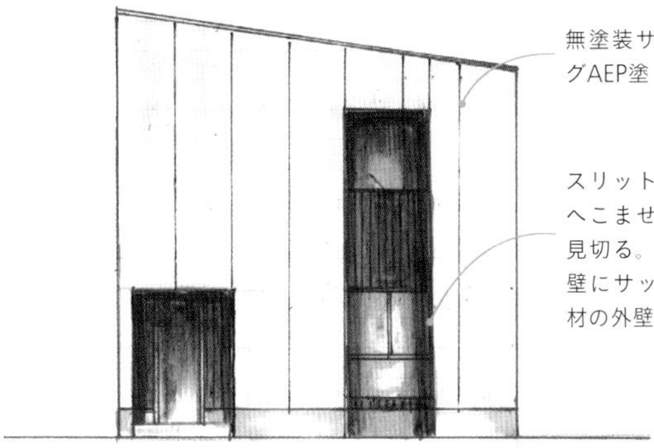

無塗装サイディングAEP塗り
スリット状に壁をへこませて入隅で見切る。へこんだ壁にサッシや異素材の外壁をとする

定番様式を取り込む

「〇〇風」というスタイル分類は設計者には嫌われるが、一般のお客には分かりやすいので、意図的にそうした印象に寄せる場合がある。ここではモダン和風と最近よく見る「ライト風」を紹介する。

TECH 1

「ライト風」を取り入れる

F.L.ライトの建物に見られる、左右対称の分割を取り入れた意匠が、分譲住宅で流行している。

左右対称に割った窓の周囲をモールディングで化粧し、分割を強調するのがセオリー

化粧柱や積石造の目地などを模したモールディングなどで、横方向のラインを強調する

2階窓センター+柱頭風

スリット窓+モールディングにより、分割を強調したうえで、左右対称に配置している

モールディングで挟まれた部分の仕上げを左官に変えて分割をより強調している

スリット窓左右配置

モールディングを用いて横方向のラインを強調している

左右対称のルールに則り、シャッター付きの引違いの窓をセンターに納めている

1階窓センター+横モールディング

木材風のサイディングを横張りにし、モールディングで横方向の分割を強調している

中央に配置した窓は縦方向のモールディング(横方向より大きな材)で分割を強調している

2階窓センター+縦横モールディング

TECH 2

モダン和風を取り入れる

モダン和風の4要素は、竪格子と丸窓、聚楽風塗り材、下屋（土庇）。このうち3つを満たせば立派な「和」だ。

外壁とゾロで納まるようにルーバーは木で製作している
丸窓は竪格子（ルーバー）と同じく、和を強調できる素材

効率的に和を表現する①

下屋を設け、屋根面を見せることでほのかに和の印象となる
丸窓が組み合わされると、和の印象が醸し出される

和テイストをさりげなく導入

上下階で配置をずらして人工木のルーバーを配置しているのが効いている
長い庇を設けて屋根を3層にすることで、和の雰囲気を強調している

効率的に和を表現する②

アルミフレームに人工木を張った既製品のルーバーを活用している

建築家の目 8

和モダンスタイルは、濃い茶・白と板金屋根、格子で

和を表現するには、軒裏やバルコニーなどの木部をできるだけ見せたいものです。また、日本の伝統的な材料である漆喰・土壁・スギなどの系統の色を外装に取り込むことも重要です。

また、一般的にいう「和モダン」は、茶系と白のコントラストでまとめ、屋根を瓦もしくは板金とするとよいでしょう。格子などを組み込むとより効果的です。（西本哲也）

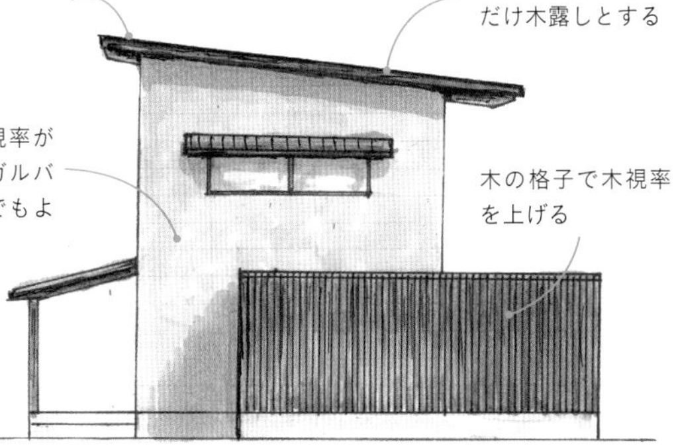
片流れの場合、庇を出す
軒裏や破風をできるだけ木露しとする
左官壁、木視率が低い場合はガルバリウム鋼板でもよい

付属要素の工夫

外観の印象を決めるのが、バルコニーの手摺壁や門柱などのさまざまな付属要素だ。
考え方としては、建築に組み込んで目立たなくさせるか、アクセントとして活用するか、のいずれか。
既製品もいろいろあり、うまく活用すると廉価で高い効果が得られる。

TECH 1

バルコニーの形状と素材を工夫する

バルコニーの仕上げ方はさまざま。外観のアクセントとする場合は、とりわけ多くの手法が考えられる。

アルミメーカーの定番であるアルミフレーム+ポリカの手摺壁はなじみやすいデザイン

縦横のフレームがほどよくアクセントになるので、デザイン的に合わせやすい

アルミフレーム+ポリカの既製品

外装材のガリバリウム鋼板をそのままバルコニーにも張っている

外装材のガルバで包む

バルコニー部分にだけガルバリウム鋼板を張って仕上げている

手摺壁はフラットバーにフロスト加工したポリカ（ガラス）を固定している

フラットバー+ポリカの手摺壁

乳半のポリカをパネル状にはめ込んだバルコニー。ハウスメーカーのオリジナルのよう

ポリカのパネルを組み込んだ手摺壁

上部に細かいメッシュフェンスを配した手摺壁。メッシュだが視線遮蔽の効果は高い

細かいメッシュフェンスの利用

人工木のような細いリブをもった材料で覆ったバルコニー。あまり見かけないタイプ

コーナーはシーリング納めになっているようだ

人工木風のリブ材料の利用

古材を模した雰囲気の窯業系サイディングで仕上げたバルコニー

古材風窯業系サイディングの利用

手摺壁の間に幕板を張って仕上げている。なお下の2例とバルコニー自体の設計は共通

周辺は左官調の塗り材で仕上げている

木材+塗り材の組み合わせ①

手摺壁を3分割して、①の例よりも木材の面積を小さくしている

木材以外の部分は左官調の仕上げ塗り材で色を変えて仕上げている

木材+塗材の組み合わせ②

①②と異なり、小幅板を縦張りにして仕上げている

笠木などが回っていないので①②に比べて、木材の色あせが激しい

木材+塗材の組み合わせ③

TECH 2

門柱の工夫

門柱は背後にある建物の奥行きを感じさせるとともに、外観のデザインテイストをより強調する役割をもつ。

表札、ポスト、インターホンをフレームでまとめたシンプルなデザイン

照明は独立させて、すぐそばに設置するようにしている

シンプルな機能門柱①

インターホンとポストだけをアルミフレームにまとめた最小限の機能門柱

シンプルな機能門柱②

脇にランプ風デザインの照明が取り付けられている

スチールの支柱にポストとインターホンだけをまとめた非常にシンプルな機能門柱

シンプルな機能門柱③

門柱の表面を洗出し調の仕上げとしている。支柱ごとに色を変えている

ポストとインターホン、照明、表札といった必要な要素をすべて組み込んでいる

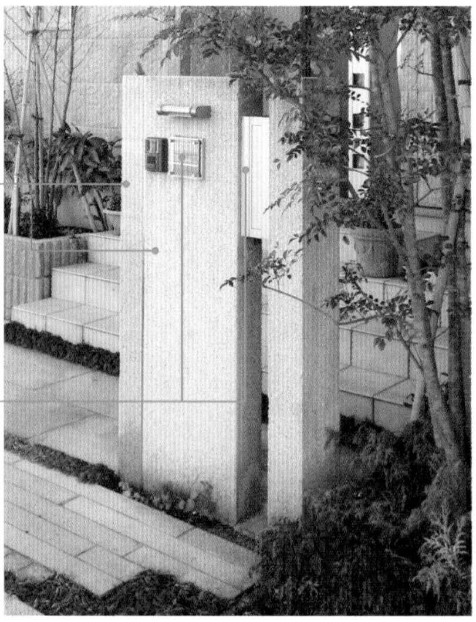

左官調仕上げの門柱

ポストとインターホン、表札を組み込んでいる。照明は玄関脇に配置している

枕木風の防腐処理材を2本立てて支柱にしている。配線スペースの処理に工夫が必要

木製の機能門柱①

ポストとインターホン、照明、表札といった必要な要素をすべて組み込んでいる

焦げ茶色に塗装した木板を横張りにして仕上げた門柱。ナチュラルテイストの家に多い提案

木製の機能門柱②

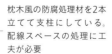

南洋材の支柱を自立させて並べ、フェンスの役割をもたせつつ、ナチュラル感を付加
ポスト、インターフォン、表札をユニット化し、RC打放しの門柱に組み込んでいる

枕木+RCの門柱

白く塗装し、インタフォーンの回りだけモザイクタイルで仕上げている
後方の門柱には表札のみ配して、脇に独立型のポストを立てている

セパレート型の門柱

左官調仕上げの門柱の脇に南洋材の支柱が自立している。ナチュラルモダン系に馴染む
製作物らしき木製のポストを使用しているのは案外、珍しい

左官調仕上げ+枕木の門柱①

アールを取り入れるなどにより、左官調仕上げの柔かさを強調している
南洋材をスリット状に自立させて並べることで、ナチュラルな雰囲気を強調

左官調仕上げ+枕木の門柱②

ポスト、インターホン、表札、照明を1か所にまとめて配置している
煉瓦で窓台風に演出しているのも効いている
門柱自体を曲げ、かつ部分的に穴をあけることで左官調仕上げの柔かさと手づくり感を強調

左官調仕上げの門柱

建築家の目9

門柱は建物より目立たないよう、色・素材・大きさを控えめに

門柱は建物ほど高い機能性を求められない、造形的要素の強い部分です。しかし、敷地や建物のボリュームを含めて色や素材を控えめにすると全体としてまとまります。また、小さなボリュームの場合、主張のあるデザインでもアクセントやアイキャッチとして効果的です。（西本哲也）

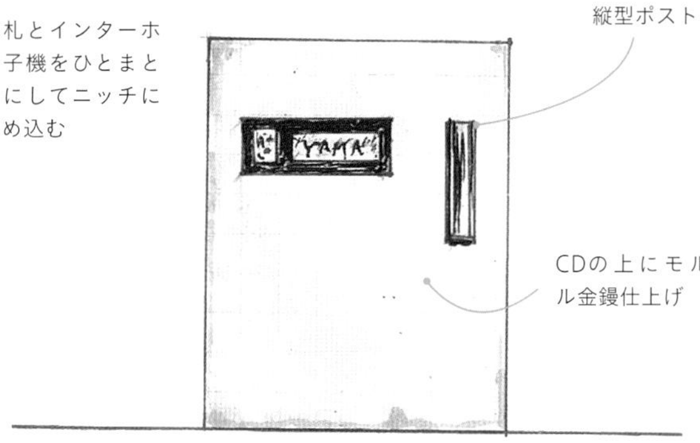

TECH 3

塀の工夫

塀に用いられる材料は限られるが、既製品なども活用しながら、建物の印象を損なわないようにまとめたい。

化粧コンクリートブロックの上に竪ルーバーのようなフェンスを通している

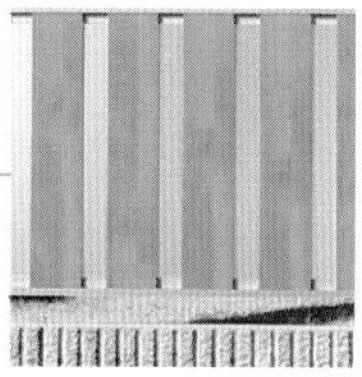

アルミの上下フレームの中に人工木とポリカが組み合せられている

木材風のルーバーフェンスの利用

横方向を強調したアルミフェンスと正方形のコンクリートブロックの組み合わせ

コンクリートブロックは粗面のものとリブ付きのものを市松状に配置している

正方形ブロックとアルミフェンスの組み合わせ

最近流行の正方形のコンクリートブロックを積み、間に同寸法のガラスブロックを入れている

ガラスブロックとコンクリートブロックの納まりは良好

正方形ブロック+ガラスブロック

フリーハンド調の曲線を取り入れることで、外観の柔らかな雰囲気を強調している

コンクリート塀の表面は左官調に仕上げている

曲線を生かした左官調仕上げの塀

建築家の目10

塀は靴をイメージして、横に流れるようなデザインに

　塀は靴にたとえます。靴は人間と地球との見切、塀は家の敷地と外界との見切。靴の側面は横方向に流れるようなデザインが多いです。塀も横方向が強調されるデザインにするとよいでしょう。たとえば、刷毛引きとか横板張りなど、横にラインが通るような仕上げがお勧めです。高さも、圧迫感を抑える意味でも、人の目線より低くしたほうがよいでしょう。プライバシーを確保したい場合は、植栽などで遮ってください。　(西本哲也)

アルミフェンス枠に板張り

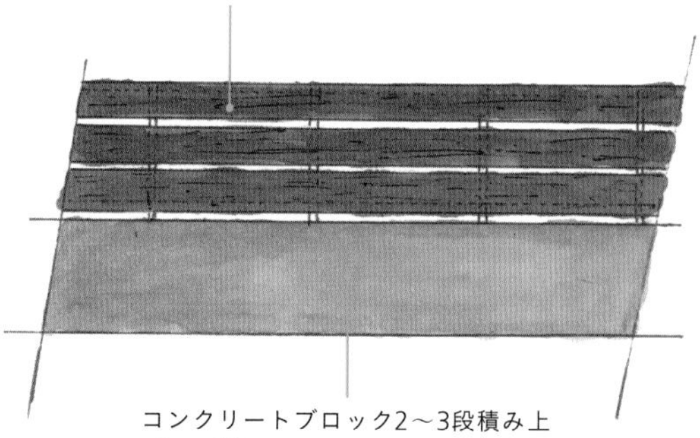

コンクリートブロック2～3段積み上げ、既製品のアルミフェンス枠など

chapter

4

美しい住宅のための外構テクニック

門柱、アプローチ、塀、門、パーゴラ、カーポートなど
いわゆる外構廻りのデザインテクニックを解説する。
また、使い勝手のよい外構材・舗装材などを紹介するほか、
知っておくべき外構のプランニングのルールについても取り上げる。

外構デザインの基本テクニック 14

住宅価格が低下し、外構にお金をかけにくい今だからこそ、
優秀工務店は競合他社との差別化のために「外構」に力を入れている。そう、建て主にとって魅力的な住宅とは、
外観のよい家であり、その多くの要素を外構が担っていることを、彼らは知っているのだ。

建物正面の端に1本植えてみる

シンプルな外観の正面に植栽スペースを設けることで外観の印象がより豊かになる（輝建設）

TECH 1

1本だけでも木を植えてみる

外構のなかでも見た目や建て主の満足度に
大きく貢献するのが、植栽である。
予算がない、敷地がないなどの理由で
植栽をあきらめるケースが多く見られるが、
そんなことはない。
植栽は数万円の木1本だけでも効果大なのだ。

デッキテラスの脇に植えてみる

デッキテラス脇にハナミズキを植えることで、外観上もデッキからの眺めも劇的によくなる（田中工務店）

建て主にうけるオススメの1本

建築家や優秀工務店がこぞって採用する樹種である。
どの木も軽やかでどんなデザインにもうまくはまる。

ヤマボウシ

イロハモミジ

カツラ

ハナミズキ

デッキの一部に 灌水システムの植栽を設置

水遣りなどを自動で行う灌がいシステムをデッキに設置した例。多忙な建て主に最適だ（アセットフォー）

デッキの一部をくり抜いて植栽を植える

デッキテラスの一部をくり抜いて、ヤマモミジ植えた例（田中工務店）

デッキに大きな鉢を置く

鉢物もあり。低木などが植えられるような大きな鉢を用意したい。写真の木はシマトネリコ（相羽建設）

TECH 2

デッキの一部を植栽スペースに

敷地にスペースがなければ、
2階バルコニーなどにデッキを張り、
そのうえに植栽を設けるとよい。
デッキがプライベートガーデンとなって、
快適な住空間を形成する。
都市型住宅ではぜひチャレンジしてほしい。

積水ハウスの「在来樹種」の庭づくり

積水ハウスでは、外構・緑化事業で「5本の樹」計画というユニークな取り組みを2001年から展開している。同計画では、「3本は鳥のために、2本は蝶のために、地域に合わせた日本の在来樹種を」をスローガンに、人間だけでなく多様な生き物が住みやすい環境となるよう、生き物にとって利用価値の高い在来樹種を建て主の庭に植えてもらおうという運動だ。

具体的には、日本で生育する樹種のなかから、原種・自生種・在来種ひっくるめた約288種を選りすぐる。そこから 個々の住宅の環境に適した樹木を選定、住宅の庭に小さな「里山」をつくることで、地域の自然環境に貢献することを目指す。注文住宅事業における個別散在的な対応だけでなく、分譲事業における街づくりの一環としても展開し、'19年度の年間植栽実績は109万本、累計1,611万本に達している。

また、スマートフォンで鳥や樹木の種類や鳴き声を確認できるサイト「5本の樹・野鳥ケータイ図鑑」も運営。これは、住宅や住宅展示場の樹木に設置した「植栽カード」のQRコードから、だれでも手軽に樹木の解説や手入れ方法などを調べることができるほか、自然観察の際などにも利用できるツールであり、現在、年間約10万件のアクセスがあるという。

なお、同社では樹木とそこに集まる鳥や昆虫を掲載した樹木図鑑「庭木セレクトブック」を作成、営業マンはそれを携帯して顧客との商談にあたり、特にガーデニングを好む顧客層との商談にも寄与している。

（田中直樹）

「5本の樹」計画にもとづく庭づくりの例

住宅や住宅展示場の樹木に設置した「植栽カード」

TECH 3

簡単で効果バツグンな「窓」面緑化

遮熱効果なども期待できる壁面緑化だが、
壁全面にツタなどを這わせるのは、
実はとても難しい。
そこで、窓面だけ緑化する方法をオススメしたい。
面積も少ないためツタなどが這いやすく、
窓面の日射遮蔽など温熱上の効果も高い。

ゴーヤを使った壁面緑化

室内側から見た窓。日射を緩やかに遮っているのが分かる。窓をあければ涼やかな風が入ってくる

西側に面した窓に向かって成長したゴーヤ。ゴーヤは育てやすく、収穫した実を食べられるという楽しみも（相羽建設）

小庇の前面にあけた孔に紐をくくりつけ、そこに沿ってツルが伸びる仕掛けになっている

日射を和げるオススメの１本

壁面は過酷な環境であるため、採用できる植物の種類は限られている。右の2種は、土壌も日射環境も特に選ばず、比較的育てやすい

ナツヅタ

ヘデラ類

TECH 4

アプローチにはできるだけ植栽を

住まい手も訪問者も、
家への出入りに必ず往来するアプローチに
植栽を設ければ、
建物の印象や雰囲気は大きく変わる。
敷地のなかでも目に触れる機会の多い
このスペースは特に植栽に力を入れたい。

高木と低木による アプローチの植栽

小さなアプローチだが、高木と低木を組み合わせることで奥行きのある空間となった（相羽建設）

アプローチで使いたいオススメの１本

アプローチに植える植栽は、通行のじゃまにならないように、横に広がらず、剪定しやすいものを選ぶとよい。シマトネリコなどは人気も高い。

シマトネリコ

ジューンベリー

アオダモ

建物の裏面を
植栽でカバーする

植栽することで外観がとても豊かなものになった。オオムラサキやジンチョウゲなどを植えている（相羽建設）

TECH 5

外観の印象を向上させる「道路脇」緑化

敷地にスペースがないのであれば、
道路と建物の間に植栽するという方法もある。
一見、何の役にも立たなさそうだが、
緑が入ることで外観の印象もよくなり、
庭の奥まったスペースよりも
目に触れやすく、手入れも簡単だ。

RC擁壁の緑化

擁壁などもツタなどを植栽すると印象がずいぶんと変わる。ここではカロライナジャスミンを植えている（相羽建設）

通行量が多い場所の道路脇緑化

通行量の多い道路側に植えることで、目隠しや騒音低減効果も期待できる。ソヨゴや黒竹などを植えている（相羽建設）

外観正面のアクセント
になる道路脇緑化

建物と駐車スペースのわずかな隙間にオカメツタを植えている（田中工務店）

道路脇で使いたいオススメの１本

樹種によっては排ガスに弱いものもある。都市部の交通量の多い場所には右のような排気ガスに強い樹種を植えるとよいだろう。

ハリエンジュ

ヒサカキ

TECH 6

スペースがなくても デッキを設ける

開放的な内部空間ともいえるデッキテラスは、
建て主にとってあこがれのアイテムである。
ある程度の敷地が必要と思われがちだが、
狭くても十分に満足を得られる。
路地でも、家のなかでも、
デッキテラスがないよりは格段に快適なのだ。

狭いスペースの2重木製デッキ

路地に設けた1･2階一体型の2重デッキ。2階のデッキが1階の日除けになる（岡庭建設）

路地に既製品のデッキを設ける

塀と建物の間に既製品のデッキテラスを設けた例。屋外作業などさまざまな用途に使える（アセットフォー）

デッキによる小さな中庭空間

室内の中央に設けられたデッキスペース。外の変化を室内に効果的に取り込む興味深い試みだ。デッキの下には排水桝をとっている。またそこに溜ったゴミや落葉を取り除けるようにデッキは取り外せるようにした（輝建設）

TECH 7

2階の狭小デッキは 視線の抜けで 開放的に

2階をデッキテラスとすれば、
プライバシーを確保しながら、
室内空間をより開放的に活用できる。
狭小敷地でスペースを大きくはとれない場合は、
デッキの手摺壁の一部を外し、
抜けをつくることで、狭さを視覚的に解消できる。

ワイヤーを使った開放的デッキ

ガルバリウム鋼板の手摺壁の一部を抜き、そこにワイヤーの安全柵を設けた例。高級なワイヤーテンションシステムを使わなくても、丸環ボルト、ワイヤークリップなどでつくることができる（田中工務店）

角パイプを使った開放的デッキ

22㎜角パイプを溶接してつくった柵でバルコニーデッキに開放性をもたらした例（輝建設）

内部と外部を一体化した大きなデッキ

内部の床と外部のデッキの張り方向をそろえることで、内外部が一体化した大きな空間となる(岡庭建設)

TECH 8

スペースがあるなら できるだけ 大きなデッキを

敷地に恵まれているのであれば、
できるだけ大きなデッキを設けたい。
デッキをリビングのような大きさにすれば、
食事やくつろぎのスペースとして、
活用の幅がグンと広がるのだ。
ベンチを造り付けるなど積極的な活用を促したい。

ハンモックを設置した大きなデッキ

リビングと土間それぞれからつながる2段デッキ。室内にも移せるようにしたハンモックはデッキの付属ツールとして人気がある(北村建築工房)

段差や手摺を設けた大きなデッキ

デッキの端にベンチ兼手摺を設けた例。大きなデッキは段差などで変化を付けるとよい(相羽建設)

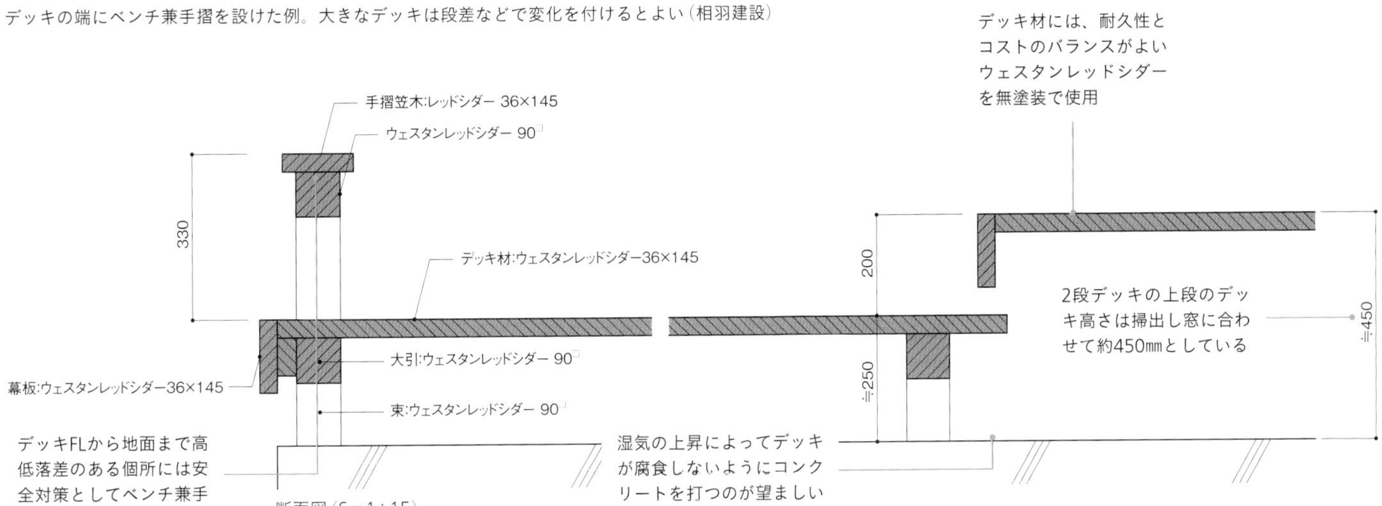
デッキFLから地面まで高低落差のある個所には安全対策としてベンチ兼手摺を設ける

断面図(S=1:15)

図面:田中敏溥

板張りの門柱

板塀と同じつくり方で門柱を作成した例。塀とそろえれば、外観により統一感が出る（北村建築工房）

電気メーターに木製カバーを

電気・ガスメーターなどを正面に設置する必要がある場合、そのまま露出するのは見栄えが悪い。このように板などで囲ってしまうとよいだろう（相羽建設）

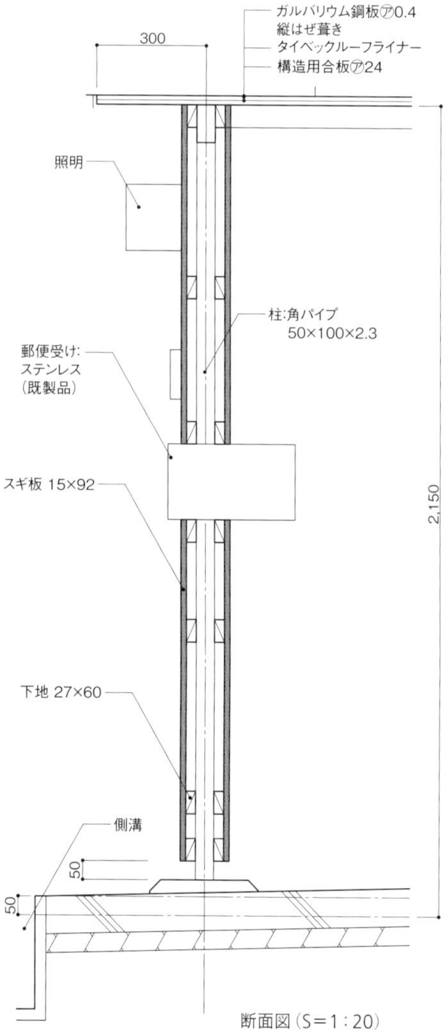

断面図（S＝1：20）

枕木を立てて門柱をつくる

枕木を加工し、門柱とした例。枕木は独特な質感があり、存在感のある門柱となる（アセットフォー）

TECH 9

何はなくとも門柱は設ける

塀や門の有無にかかわらず
門柱はできるだけ設けたい。
特に塀がない場合は、
内外の境界線として防犯にも役立つ。
また、外観上目立つ存在なので、
外観をより豊かにする。

門柱に屋根をかけて自転車置場に

門柱と塀に渡すかたちで屋根がかけられている。屋根の下は自転車置場となる（輝建設）

TECH 10

塀はブロック＋木板で決まり

優秀工務店がこぞって採用するのが、
木板とブロックを組み合わせた塀だ。
見た目にも優れているうえに、
コスト的にもそれほどかからない。
隙間をあける、板の寸法を変えるなどで、
デザイン上のアレンジも可能だ。

スチール支柱を組み合わせたブロック･木板塀

細かいピッチの横板張りはスギ材30×40㎜の30㎜側を見付けすることで達成。また支柱をスチールとすることで、板部分の交換を容易にしている（フォーセンス）

シンプルなブロック+木板の塀

下の図と同様のつくりとしている例。笠木を設けることで、支柱の耐久性を向上させている（相羽建設）

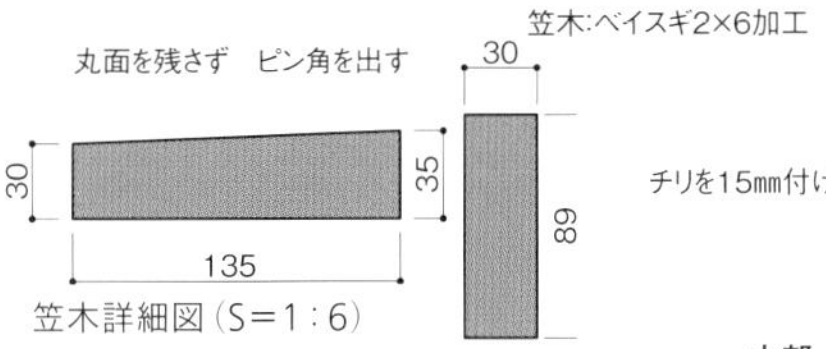

笠木詳細図（S＝1：6）

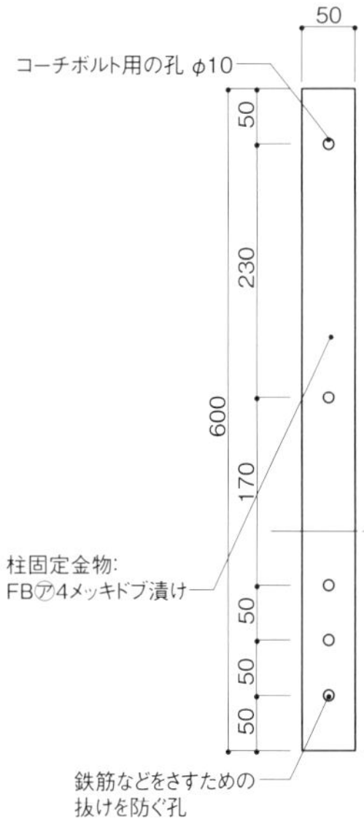

金物詳細図（S＝1：10）

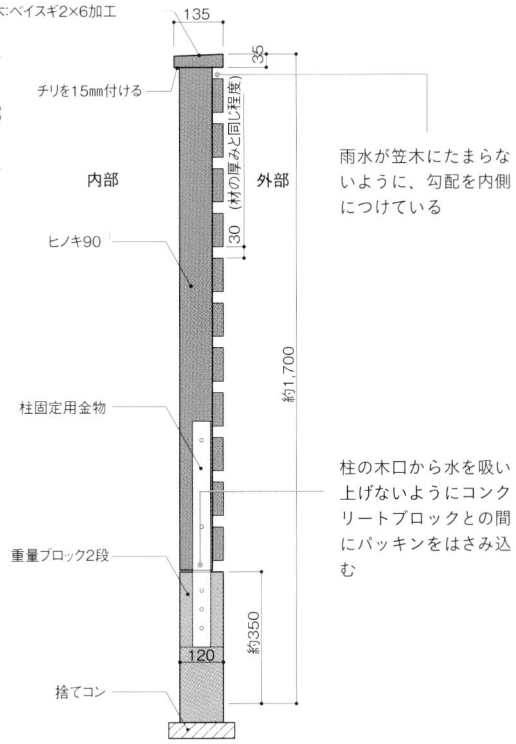

断面図（S＝1：20）

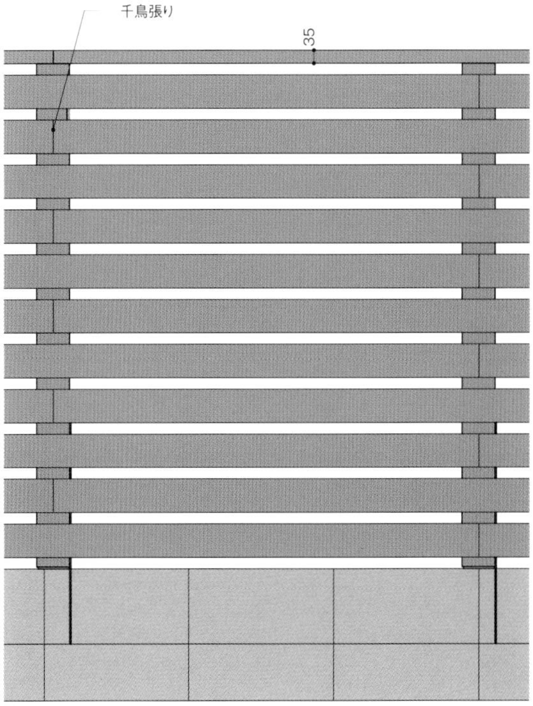

立面図（S＝1：20）

図面：田中工務店

アプローチを高級に見せる工夫

一番上の段はタイル張りになっており、この縁石によってタイルの小口側を隠している

段差のある部分に縁石を張った例。コンクリートむき出しの状態より高級感が増す（フォーセンス）

コンクリートのみでアプローチをつくる

コンクリートのアプローチの周囲に砂利を敷き、部分的に植栽を行っている（フォーセンス）

囲みの部分に型枠を設けることで、敷石のようにコンクリートを割り付けることができる

段差のあるアプローチに異なる高さのコンクリートが打たれている。表面のモルタルには色土を混入（相羽建設）

TECH 11

アプローチはコンクリートを割り付けて「すきま」を作成

コストや使い勝手を考えれば、
コンクリートを打つのが望ましいが、
そのままではなんとも味気ない。
コンクリートに隙間を設けることで、
その隙間に植栽を配置でき、
豊かなアプローチ空間になる。

割り付け方も単調にならないように工夫すると、デザイン的にも素晴らしいアプローチになる（岡庭建設）

路地などではコンクリートをこのように割り付けることで、草木が生える余地が生まれる（田中工務店）

コンクリートパネルによる石風の表現

割り石のように見えるが、表面を加工してある商品を割り付けたもの（アセットフォー）

カーポートも「すきま」コンクリートで

カーポートもこのように割り付け、その隙間に植栽することで印象は大きく変わる。一番手前は御影石のピンコロ敷きとした（相羽建設）

TECH 12

車庫はできるだけ製作品で

特に建物の正面に位置する場合、
存在感のある車庫の屋根は
見た目に大きく影響するため、
その取り扱いに注意が必要である。
既製品ならデザイン性の高い商品を用い、
予算がなければ製作するのも手だ。

大工工事で造作車庫をつくる

板張りでつくったガレージ。比較的簡単につくれるが、見栄えも悪くない（田中工務店）

建物と一体化した車庫で外観にアクセントを

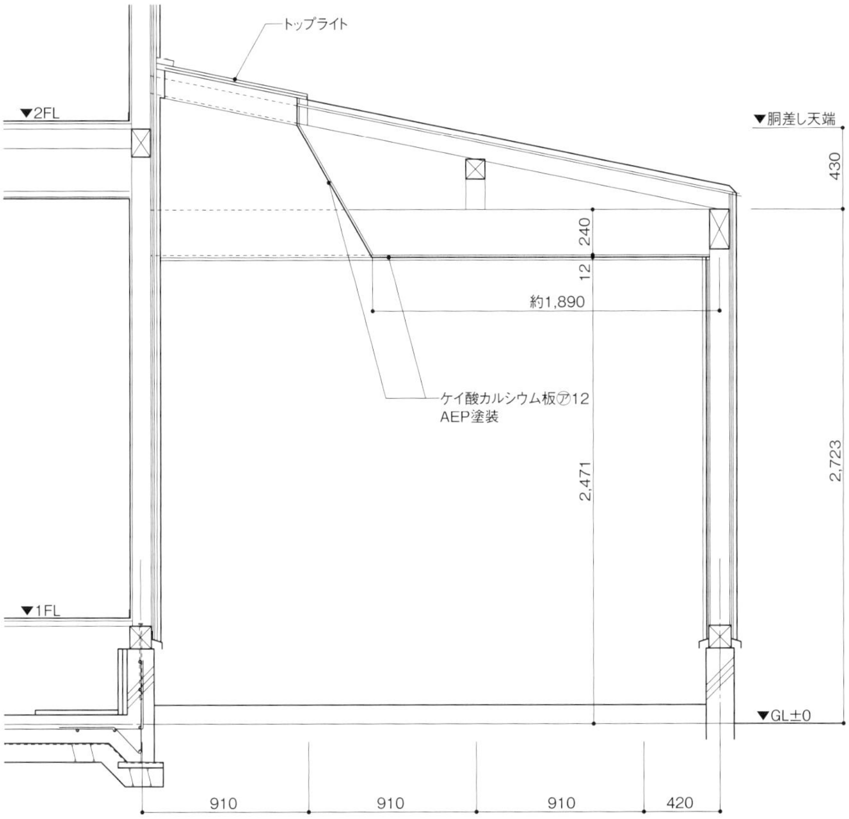

カーポート断面図（S＝1：40）

屋根の上部はトップライトとしたため、明るい車庫となった

建物と車庫の屋根を一体化すると、デザイン的にとても洗練されたものになる（田中工務店）

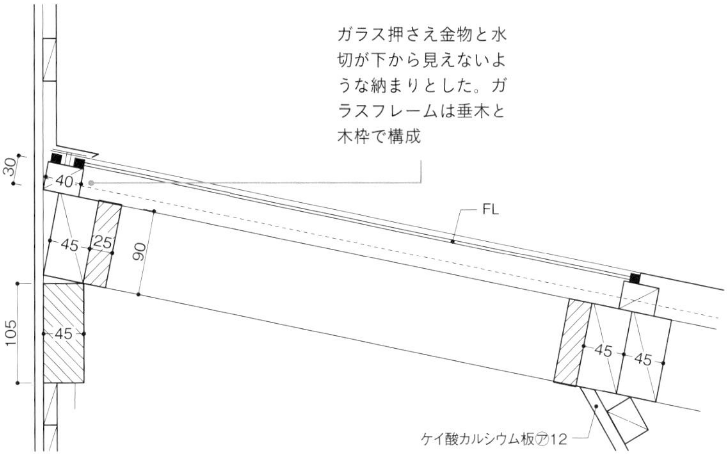

トップライト断面詳細図（S＝1：8）

TECH 13

外観にやわらかい印象を与える木製の門扉

門扉には既製品を使ってもよいが、
塀を板張りとするのであれば、
同様に木製で引戸をつくりたい。
建具とはいっても、大工工事レベルで製作可能で、
塀と同じ板材や柱材などを用いれば、
コストもそれほどかからない。

ローコストな木製の大型引戸

幅4mの大型引戸。流通寸法の木材を使っているため無駄がない。またスギ材は軽いため開閉作業も比較的楽である（海野建設）

塀と同じ材料、同じデザインでつくられているため、一体感がある。耐久性を高めるために弥良来杉を使用している

モダンな縦板張り引戸

ウェスタンレッドシダーを組み合わせて製作した門扉。門扉と塀と揃えるため下部にブロックなどは設けていない（輝建設）

扉部立面図（表面・裏面 S＝1：8）

塀の笠木は耐久性を考慮して勾配をつけ、その上に、水切加工を施したガルバリウム鋼板を被せている

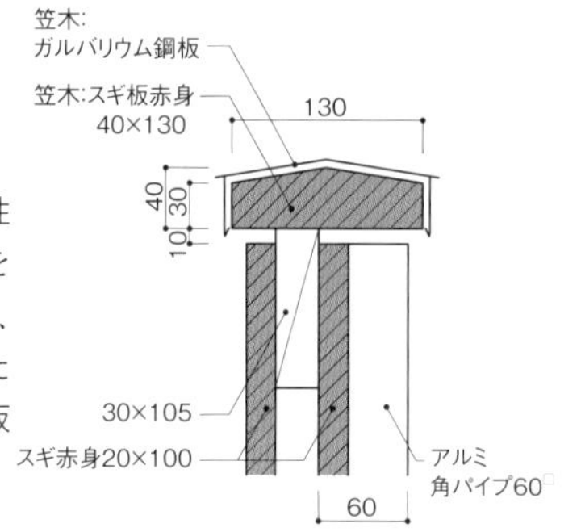

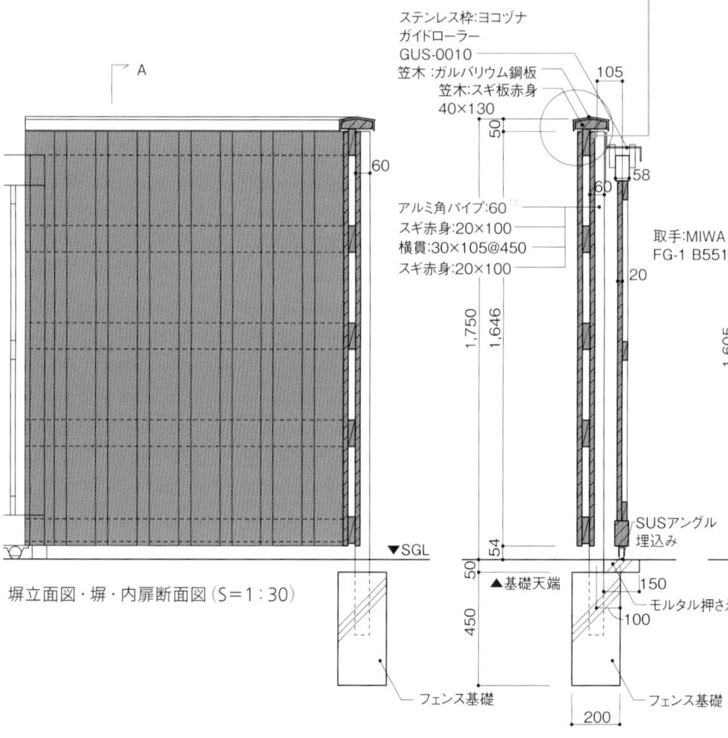

塀立面図・塀・内扉断面図（S＝1：30）

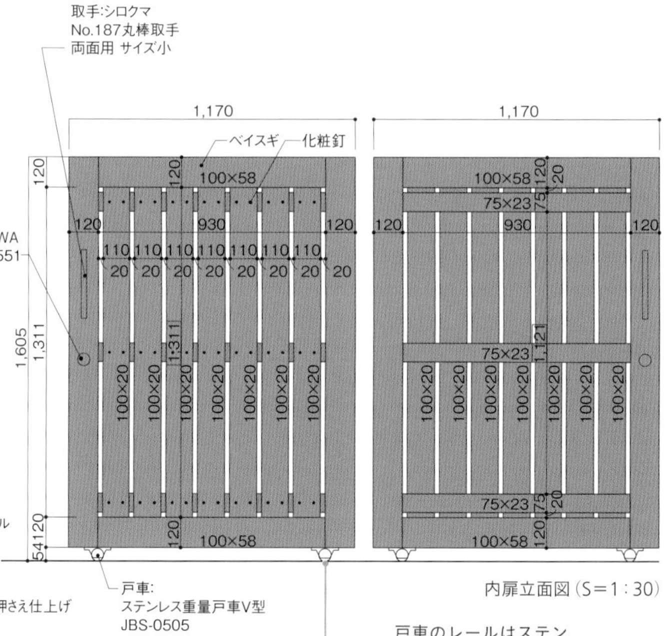

内扉立面図（S＝1：30）

戸車のレールはステンレスアングルとし、土間に埋め込んでいる

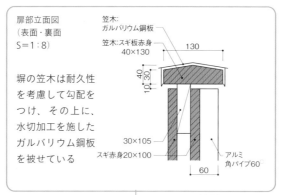

銑鉄で製作した個性的な開き戸

専門の職人による門扉も、大きなものでなければそれほどコストはかからないためオススメである（キリガヤ）

門扉を開くと、スチールの枠だけが残り、より軽快な印象になる

スチールの骨組に木板を組み込んだ開き戸

溝型鋼のフレームと木板を組み合わせた門扉。鉄工所で製作したフレームに大工が木を張っている（輝建設）

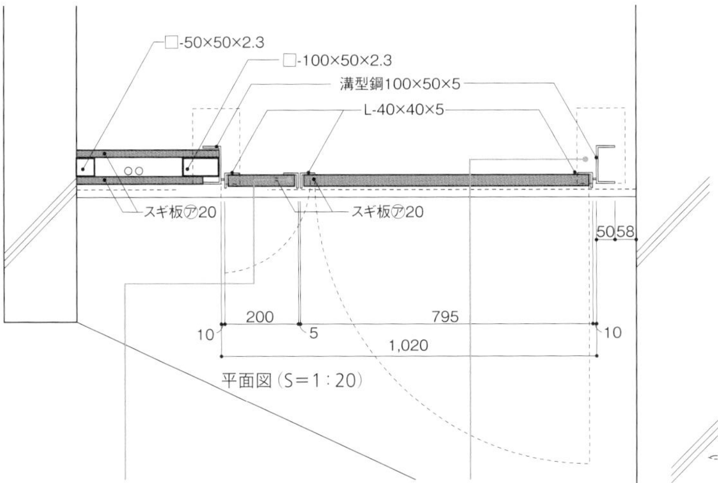

平面図（S＝1：20）

スギ板は取り替えやすいように門扉のフレーム（アングル）にステンレスビス留めとした

金属部分は錆対策として、鋼材は亜鉛メッキ、ビスや丁番はステンレス製のものを使用

TECH 14

モダンな印象には門扉の一部を金属で

シンプルモダンな建物の場合、
板張りの門扉だと少しバランスが悪いことがある。
その場合は、鉄やアルミを部分的に活用して
軽快さを出してみるとよい。
鉄やアルミも既製品をうまく使えば、
安価なコストで製作可能だ。

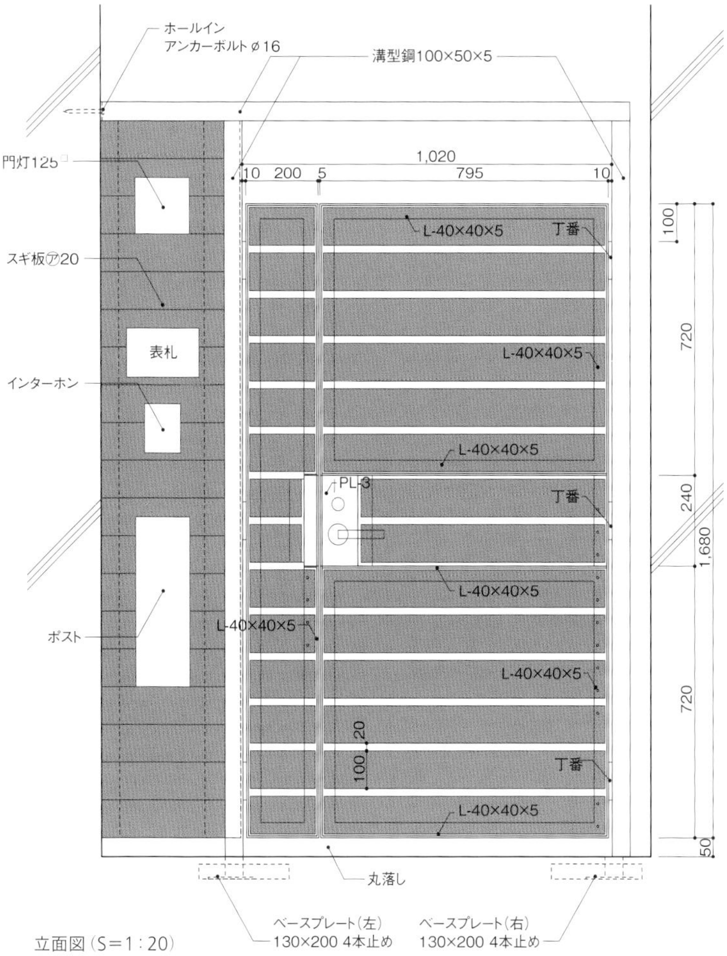

立面図（S＝1：20）

ローコストで外観に変化をつける

ローコスト住宅で外観を整えるのは難しい。基本的にはシンプルさを追求する方向でまとめることになるが、
そこに要素を少し加え、その部分の色やかたちに気を配れば外観の印象は一気に変わる。
効果的なセンスアップ手法をまとめた。

外装に変化をつける手法一覧

「シンプルな箱」の外観に少しずつ要素を足していくと、周囲に調和する柔かい外観となる。

屋根勾配は1寸以下に抑えて尖った印象になるのを避ける
バルコニーは吊木風にルーバーを回す。夏場のよしず掛けにもなる
玄関扉は既製品のアルミ製のものにスギ板を張る。ファサード側にくるときは色にも気をつける
安価な小さい樹形のものでよいので、シンボルツリーを植える
ファサード側にスリット型の窓をもってくるとまとまりやすい
プランター置きを設けてガルバリウム鋼板の硬さを緩和する
隣地との境界には植栽を施し、境界を曖昧にする
2m程度のピッチで目地を切り、タマリュウなどを植える
さまざまな手法を組み合わせることで、ローコストでも周囲と調和する外観となる
アプローチは種石を撒いてコンクリートの表面を荒らす簡易洗出し
建物の足元には必ず低木やグランドカバーを植えて基礎を隠す
駐車場部分は土間コンクリートとしている

プロダクトデザインは表面に何も出てこないほうが望ましいとされる。住宅の外観も似たところがある。表面に出てくる要素が少ないほうがまとめやすい。実際にそういう見せ方の住宅もあるが、多くの場合、何も表に出さないわけにはいかない。

そこで、表に出てくるものを必要最小限にして、そのかたちと配置に気を配るということになる。具体的にいうと窓である。窓のかたちと配置。これに気を配るのが外観を整理する第一歩となる。

ただし、住宅の外観の場合、街並みの雑多な情報と対比して見られるので、単に整理されただけのデザインだと味気ない。そこでシンプルにまとめた外観に、付属要素で「お化粧」を施すこととなる。その王道的な手法が、ここで紹介しているウッドシップが実践しているものである。

バルコニーや花台で木質感を補い、板塀で視線を遮蔽しつつ、無粋な境界ブロックなどを隠す。アプローチにも、廉価な素材の組み合わせや仕上げ方に差をつけることで変化をつける。そして最小限の植栽を配して建物や外構の味気なさを補う。

これらの「ちょい足し」のセオリーを自社流にアレンジし、すべての住宅に実行することで、外観に対する評価は確実に向上するだろう。

設計・取材協力：ウッドシップ

TECH 1

バルコニーをシンプルにまとめる

バルコニーは、更新できるよう機能上配慮するとともに外壁との色の対比などの意匠にも気を配る。

バルコニーの構成

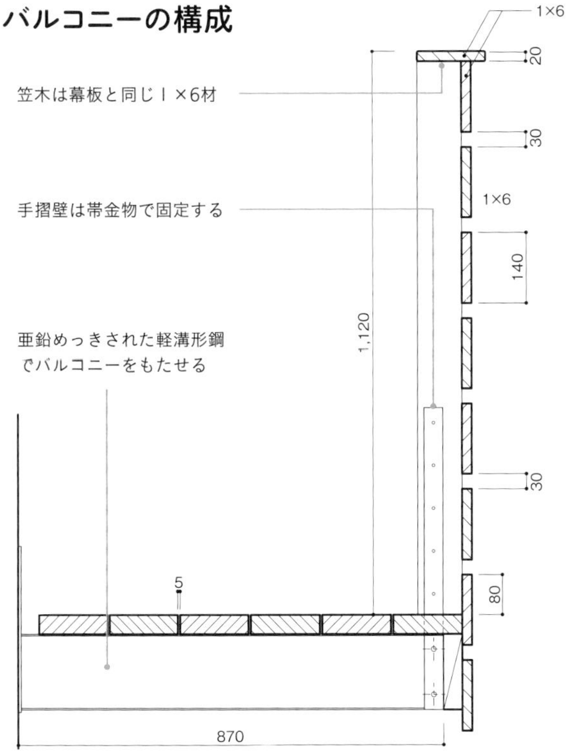

側面断面図(S=1:15)

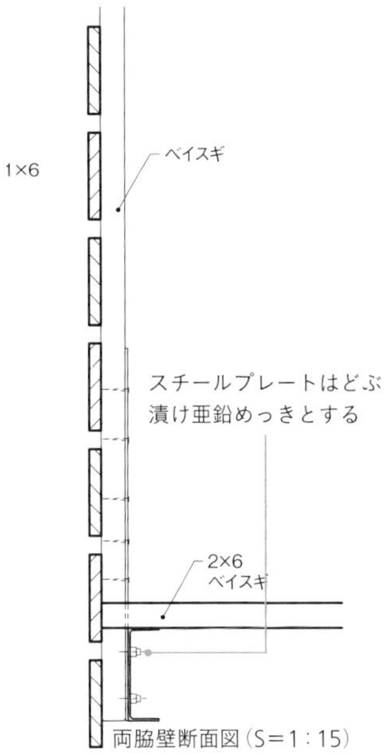

両脇壁断面図(S=1:15)

バルコニーは鋼管で支える

スチールブラケットなどを胴差から出し、そこに木を張ってバルコニーをつくる

パーゴラ風ルーバーの詳細

断面図(S=1:15)

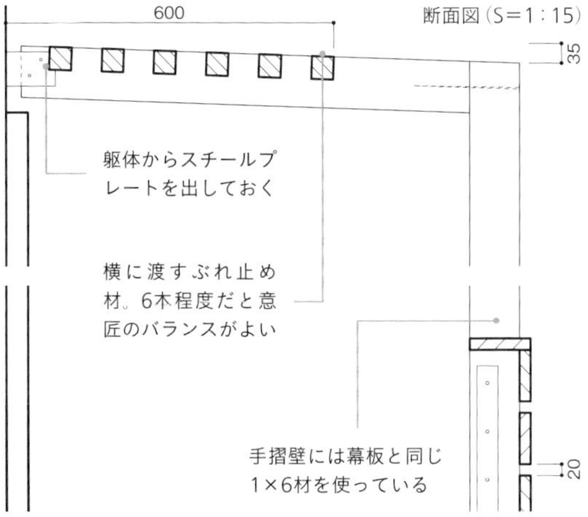

パーゴラも金物で固定

バルコニーに架けるパーゴラも躯体から平金物を出して固定する

外壁に合わせてバルコニーの色を変える

ホワイト+ダークブルー

外壁が白色のときは、バルコニーはダーク調の色に塗装している

暗いブルー+オレンジ系

外装が濃い紺色のときは、バルコニーはオレンジっぽい塗装にしている

焦げ茶色の外壁+明るい黄色

焦げ茶色の外壁のときは、バルコニーは黄色っぽい塗装にしている

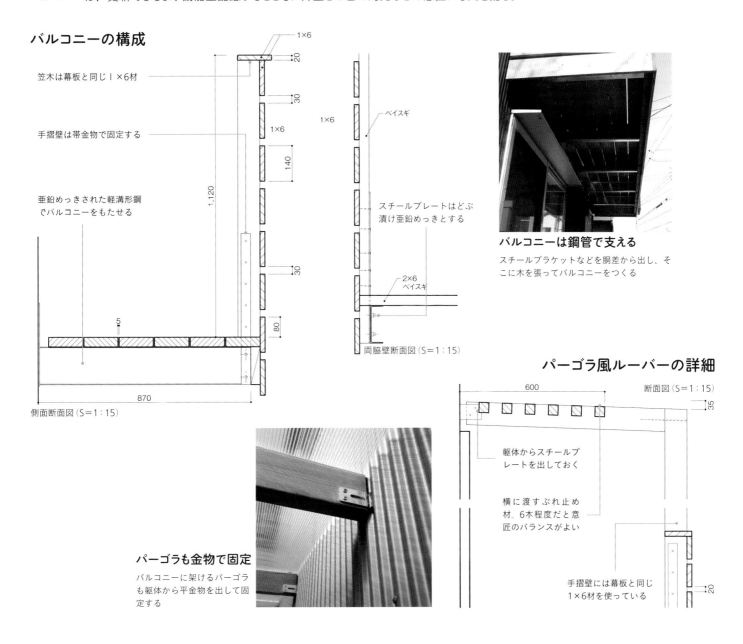

TECH 2

ツーバイ材のルーバーは固定方法が命

竪ルーバーは視線制御と外観を整えるうえで便利。ツーバイ材を使うと廉価でできる。

竪ルーバーの構成と効果

2階の手摺を兼ねたルーバー。1階のルーバーの奥は玄関になっている

バルコニーの手摺を兼ねる

2階のバルコニーの内側から見る。上部は切り離しの表現としている

ツーバイ材の半割が便利

2×4材の半割を使うと約40㎜角と丁度よい寸法となる。釘頭が見えないように斜めから打ち込む

夜景の演出効果は最高

夜景はルーバーが逆光で照らされるので、ラインが強調されて美しい外観となる

外壁に合わせて色を選ぶ

周囲が濃紺のガルバの場合

濃紺のガルバと合わせるときは濃い色を用いる。白色の外壁は漆喰仕上げの場合だけルーバーを使う

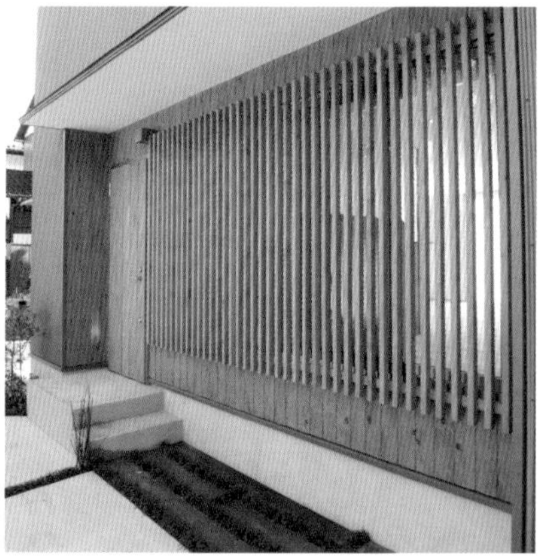

周囲が木板の場合

周囲が木板張りのときは、塗装の色を浅めにするなど、くっきりと色を変える

TECH 3

デッキと板塀をローコストできれいにつくる

デッキは建て主のニーズが高く、外観に影響を与える。とはいえ予算はかけづらいので廉価にまとめる。

2×4材とヒノキでつくるローコストなデッキ

庇はバルコニーのパーゴラのディテールと同じ。ポリカを載せて仕上げる

耐久性を考えると土間コンクリートは必須

デッキは束がヒノキ、ほかはベイスギのツーバイ材である

幕板はリズムを付けて張る

「2枚・1枚・2枚」というかたちで目地を変えて幕板を張り、メリハリをつけている

コンクリートは基礎と一緒に打っておく

デッキの基礎は基礎工事と一緒に打っておくと安価で済む。その上に束を立てる

板塀は横張りが基本

長尺ものが使えるので横張りのほうが施工性がよい

コンクリート基礎から金物を出して方立を固定し、横張りとする

板塀は4m材など長ものを生かした横張りが多い。目隠しの場合、高さは160㎝程度となる

板塀はヒノキで

耐久性と価格から、ヒノキにキシラデコールのスプルース+ピニーを混ぜて塗布

境界ブロックを隠す

境界ブロックが目立つ場合などは板塀で覆って景色を整える。植栽を添わせるとなおよい

TECH 4

アプローチと駐車場に変化をつける

ローコスト住宅ではアプローチや駐車場が寒々しくなりがちだが、植栽の力も借りて彩りを付与する。

アプローチは廉価な素材を組み合わせる

アプローチからポーチは廉価な材を組み合わせて変化をつける。植栽を絡めると効果が大きい

バルコニーのパーゴラの要領でポリカーボネート屋根を設ける

木のポーチにはイペなどのデッキ材やヒノキを用いる。土間コンの上に木下地を組んでデッキ材を張る。ポーチはレンガタイルでもなじむ

周囲にグランドカバーがあるだけで印象が大きく変わる

枕木を埋め込み、間にタマリュウを植える

枕木風の防腐処理材とヒノキなどの廉価な材を、モジュールを変え変化をつけて使用

土間コンはポーチ部のみ洗出しに

同じ土間コンクリートでも、ポーチ部分のみ三和土（たたき）風にすることで雰囲気が変わる

大谷石は高級感を出しやすい

通り土間風のポーチに大谷石を使用した例。大判のわりに廉価で、高級感を出しやすい

駐車場は2mピッチで植栽を施す

駐車場の土間コンクリートには細かめのピッチで目地を入れ、植物を植えるとよい

目地幅は車のタイヤが入らない幅10cm程度

おおよそ2mピッチで目地を切り、タマリュウなどを植える

土止めとの際にも緑を植える

駐車場と建物の際にも植物を植えて、雰囲気を和らげる。特に基礎を隠す効果は大きい

TECH 5

玄関ドア・門柱・庇の小ワザ

玄関ドアや門柱などは面積のわりに目立つ。色や製品選定への気遣いが大切だ。

見える玄関ドアには木を張る

既製断熱ドア＋木板張り

玄関ドアはアパート用のアルミ製高断熱ドアの表面に木を張って仕上げる。5枚割りが基本

シルバーの外壁の玄関ドア

シルバーの外壁の場合、赤味を抑えた色にしている

濃紺の外壁の玄関ドア

濃紺の外壁の場合は、濃いめの茶色に塗装して仕上げている

門柱は既製品も活用する

既製品の機能門柱の活用

既製品の機能門柱を使う場合は、三協立山アルミの製品を採用している

板塀風のポスト

板塀風の製作ものの門柱。裏側のポストのシルエットを目立たないようにするのがポイント

既製品のポストをアクセントに

既製品のポストには膨大な数の種類がある。独立させてアクセントにしてもよい

既製品の小庇ですっきり納める

すっきりモダン小庇

小庇はすっきりしたデザインの既製品を使うことが多い

小庇で陰影をつける

引違い窓はのっぺりした印象になりがちだが、小庇により陰影がつき、印象が改善される

TECH 6

ローコスト植栽の3つの要点

ローコストで植栽に取り組む際には、アプローチ、建物際、塀際を優先して樹木などを植えていく。

A邸外観

「植えることありき」なので、樹種や大きさのイメージを若いセンスのよい植木屋さんに伝えておき、細部の裁量は任せる

A邸植栽図

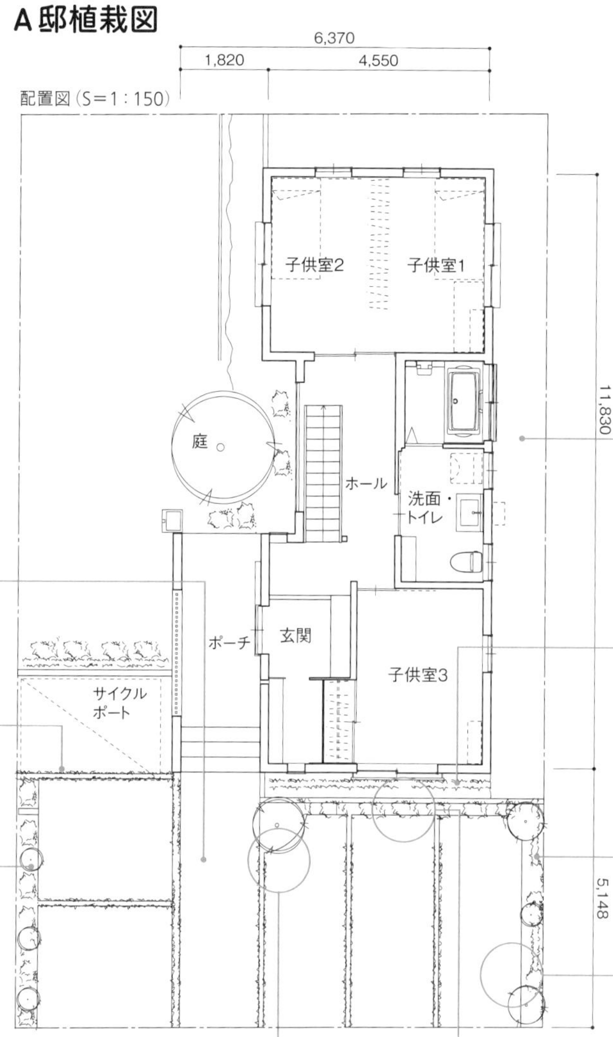

アプローチは簡易洗出しとし、駐車場部分は刷毛引きで仕上げる

駐車場の目地は、植物が傷みにくいように停車方向と直交させる

隣地との境となる塀などの脇には、低木やグランドカバーを植える

活用しないエリアは雑草が生えないように防草シートと砂利敷きとする

建物の基礎を隠すように低木類などを植える。配管などが邪魔しないように計画しておく

存在感のある塀がある場合は、緑の量を増やすと圧迫感が緩和される

安価で使いやすい樹種の例

高木：シラカシ、ヒメシャラ
中木：ソヨゴ、シマトネリコ、ハナミズキ
低木：サツキ、ツツジ
グランドカバー：タマリュウ、ヤブラン、アイビー

アプローチ・建物際・塀際には必ず植栽を施す

アプローチにはシンボルツリー

アプローチには中木～高木を1本植える。安価な背の低いものでも印象改善効果は大きい

建物の際を緑で覆う

基礎が丸見えだと、間が抜けて見えやすい。低木や地被類で隠すのが定石である

塀には緑がセオリー

隣地境界などに立つ塀には必ず緑を添えたい。印象が大きく変わる

取材協力：ちば山真童舎

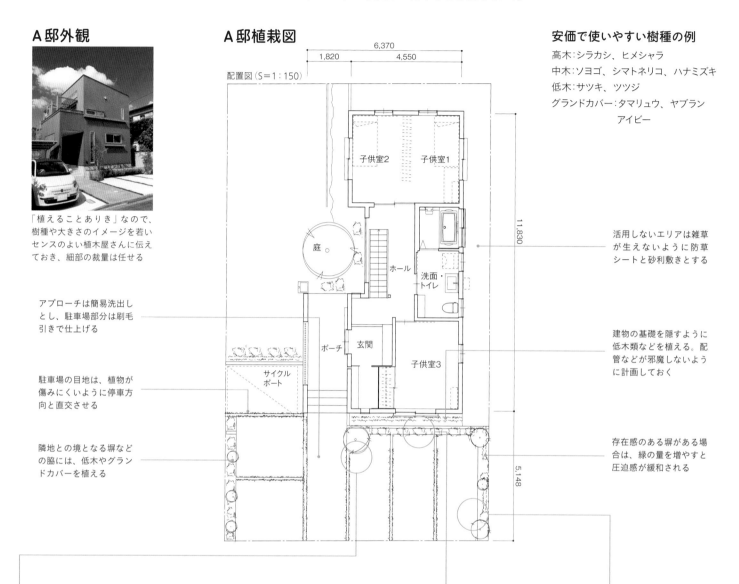

更新可能な木のベランダとデッキ

スギやヒノキのベランダは施工性と雰囲気はよいが、耐用年数は8年程度。
アルミや鉄骨に木を張るほうがもちがよい。

鉄骨・アルミフレーム+木板

柱はどぶ漬け亜鉛めっきの丸鋼、梁はH型鋼

鉄骨の梁で支える

床材と手摺壁の幕板以外はどぶ漬けめっきをした鉄骨で組んでいる

アルミ製ベランダの利用

既製品のアルミのベランダの骨の部分だけを利用して、幕板と床には木を張っている

アルミ製ベランダのフレームのみ流用。手摺壁と床はスギ

可動できる縁台

デッキの代用として十分役立つ

交換前提で無処理・無塗装のスギ材を利用。軒下で8年程度使用できる

地域材のスギを積極活用

朽ちてきたら交換する前提で地域材であるスギを組んで、無塗装で使用している

縁台の概要

立面図(S=1:15)

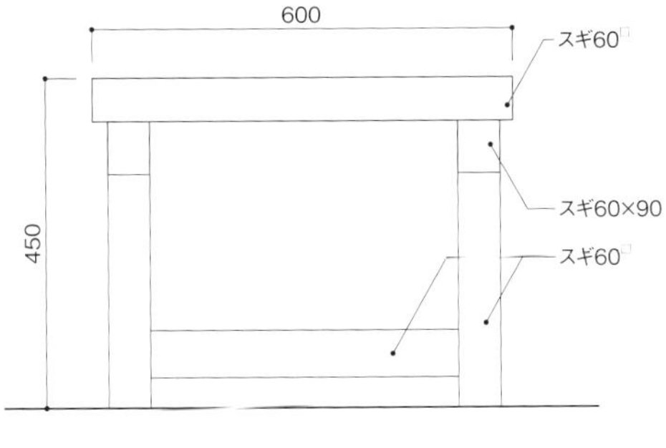

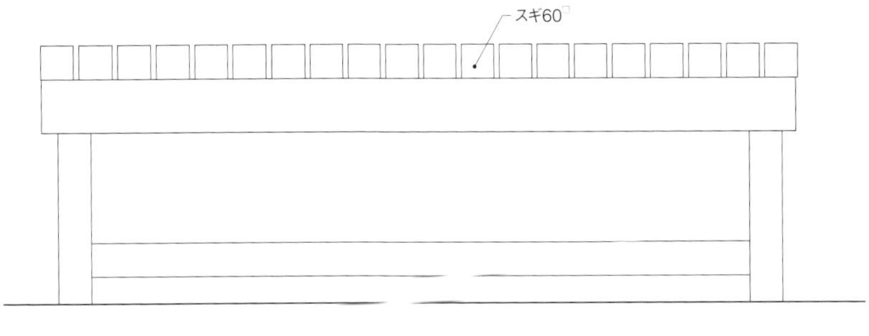

パーゴラで外観を整える

パーゴラはカーポートや自転車置き場、デッキなどに用いられる。
雨をしのぐという機能性と耐久性を確保することに加えて、デザイン上も大きなアクセントとなるので、
建物と一体で考えらえたデザインとすることが大切である。

TECH 1

カーポートと玄関にパーゴラをかける

カーポートなどにパーゴラを架ける際には、建築と一体化させるとすっきりと納まる。

木製の階段により玄関にアプローチする。木製ポーチの上に木製パーゴラを架ける

カーポートのパーゴラの片側は躯体から持ち出し、柱を建てずにすっきり見せる

アプローチデッキを延ばして横方向の木のつながりをつくる

枕木や注入材など木の見切りを入れて、アプローチと土間コンとの縁を切る

基本設計の段階からパーゴラを計画すると外観をまとめやすい

TECH 2

躯体とパーゴラを一体化させる

カーポートなどにパーゴラを架ける際には、建築と一体化させるとすっきりと納まる。

ツーバイ材を躯体に取り付け、根太受け金物を出して垂木を設置

転び止めを等ピッチで入れて桝組風に屋根構面をつくる

躯体との取合い。木下地を胴縁に取り付け、そこから垂木を出して屋根面を構成

見た目は片持ちのようなデザインとなる

足元の納まり。ブロック基礎の上に基礎パッキンを介して土台を敷き、ボルトで固定している

設計・取材協力：キリガヤ

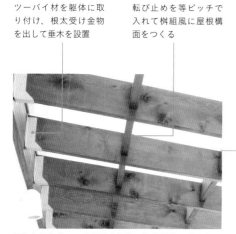

TECH 1

玄関前にパーゴラをかける

玄関廻りに木質感を演出する方法として、アプローチデッキ+パーゴラは非常に有効である。

屋根はポリカ5㎜厚

白い壁とこげ茶色の木部は定番の組合せ

木製の機能門柱を製作し、周囲に馴染ませる

ウエスタンレッドシダーにキシラデコール塗装

手摺もすべて同じ仕様。雨掛かりなので数年での塗替えが前提となる

パーゴラの取付け部。水切兼用のステンレスプレートを介して垂木を出している

アプローチデッキの足元。パーゴラの柱も兼ねている

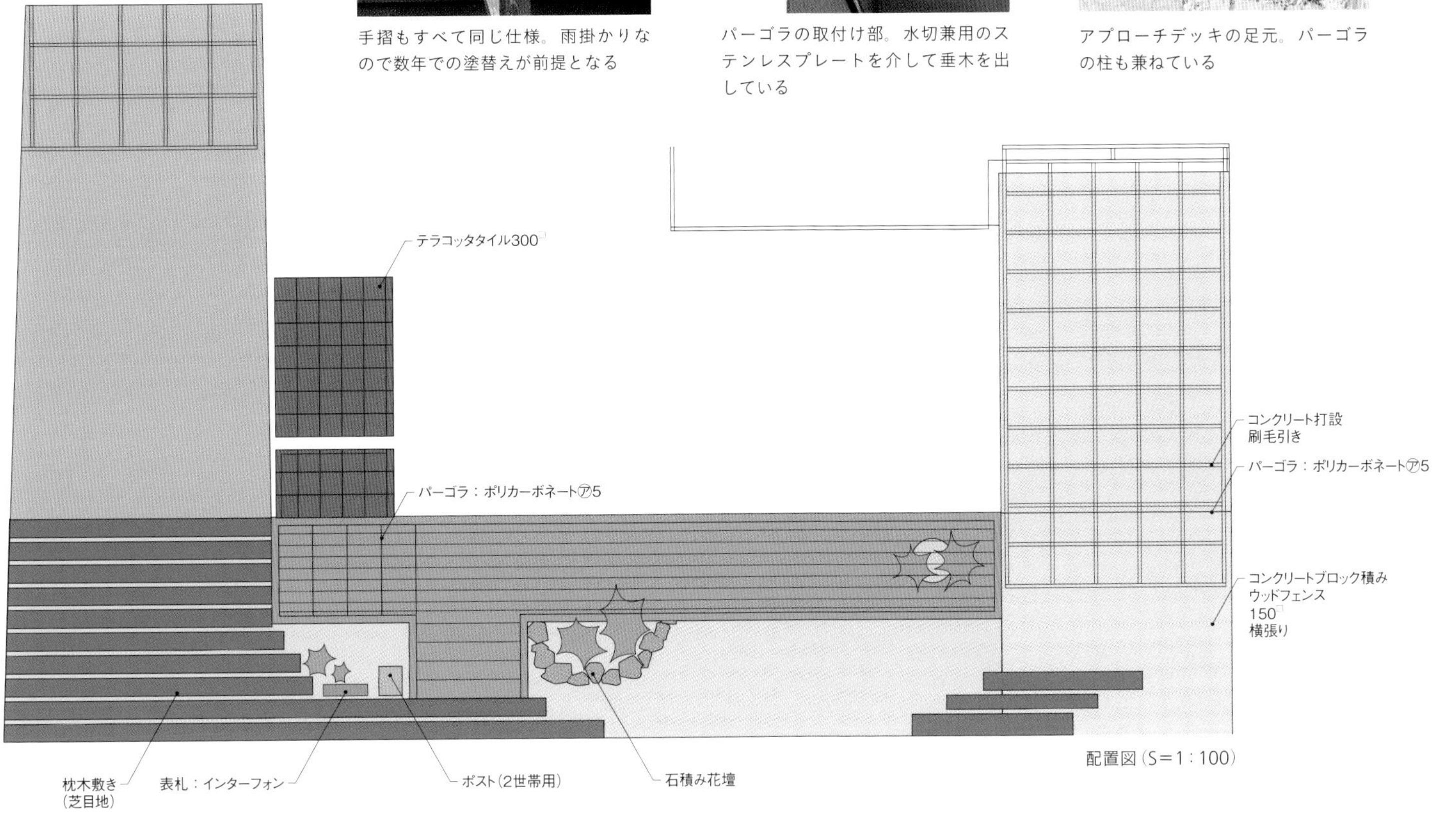

配置図(S=1：100)

TECH 4

鉄骨フレームに木で化粧をしたパーゴラ

スパンの大きさと耐候性を考えると、鉄骨で骨組をつくり化粧に木を張る方法が適している。

2×10材を角鋼の上に張って木質感を強調する

ツーバイ材で格子を組んで屋根構面をつくる

パーゴラの小屋組の詳細

屋根は明かりをとるためポリカツイン6㎜厚。垂木にビスで固定

車庫の奥はフェンス笠木上に載せるかたちで屋根を支えている

フレームはどぶ漬けめっきをした角鋼100×100㎜

斜面地を生かしたカーポートの場合、擁壁や土留めとの取合いを考慮する

パーゴラ屋根

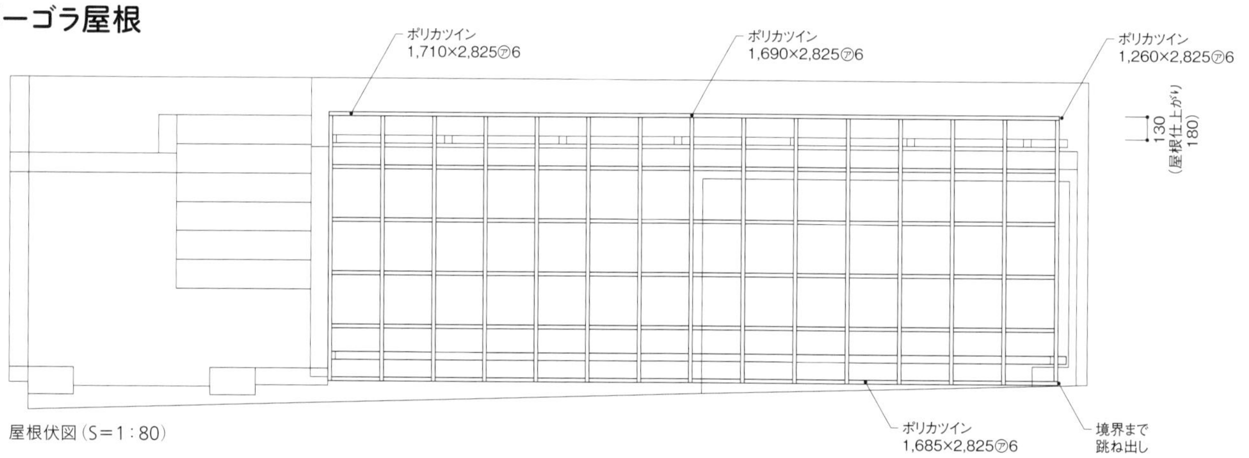

屋根伏図(S＝1：80)

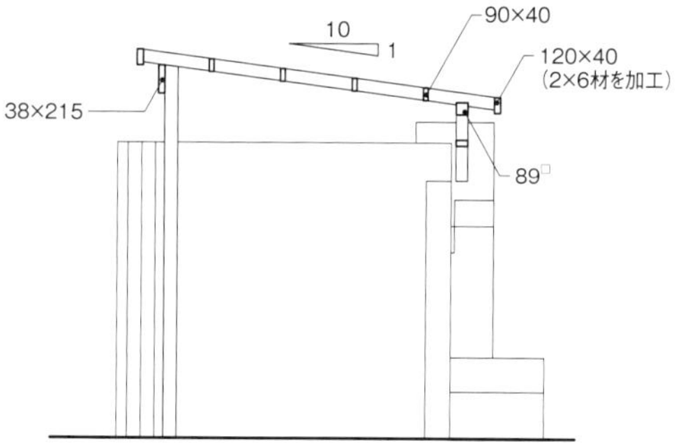

断面図(S＝1：80)

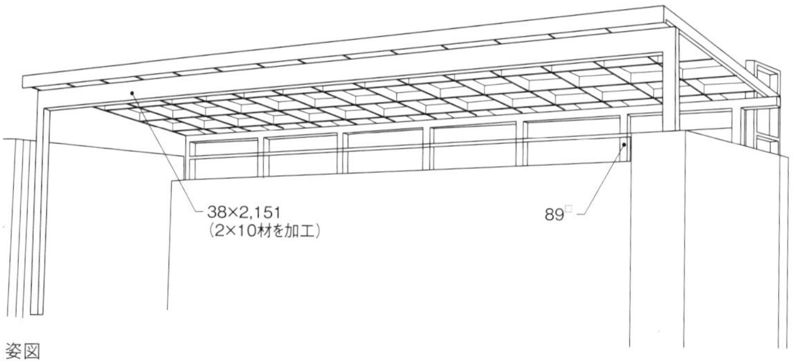

姿図

TECH 5

ツーバイ材を用いたパーゴラ

シンプルかつ安価にパーゴラをつくるには、ウエスタンレッドシーダーのツーバイ材が適している。

土間コンから受け金物を出して柱を載せ、PB42（ドブ漬け亜鉛めっき）で固定している。2本の柱はボルトとビスで縫っている

パーゴラの柱脚部のディテール。方杖で柱を納めている

方杖をデザイン的に生かしたパーゴラ。ウエスタンレッドシーダーのツーバイ材で構成

湾曲したR型の柱は垂木で挟んでビスで固定する

柱（方杖）と垂木の取り合い。ベイマツ集成材のR型柱（方杖）は工場で反らせたものを使っている

パーゴラの構成

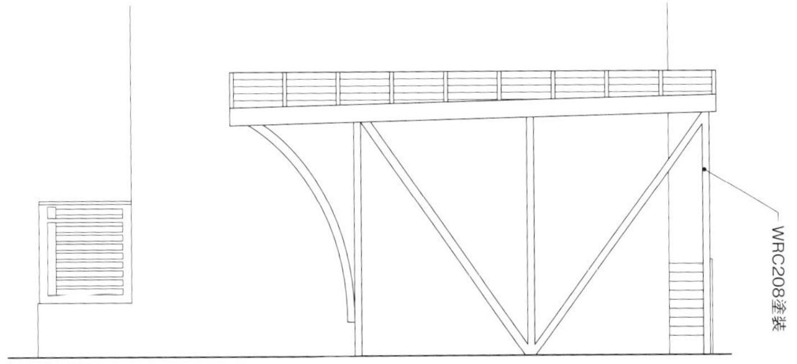

A-A'立面図（S＝1：100）

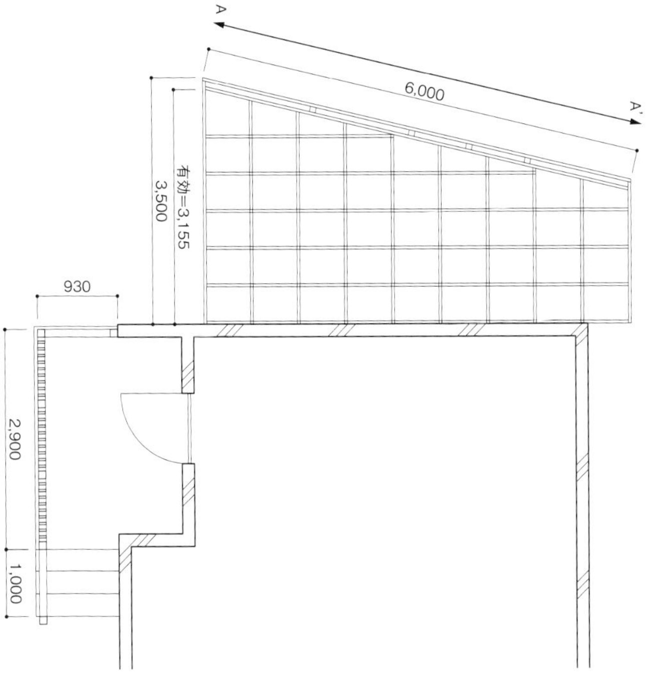

平面図（S＝1：100）

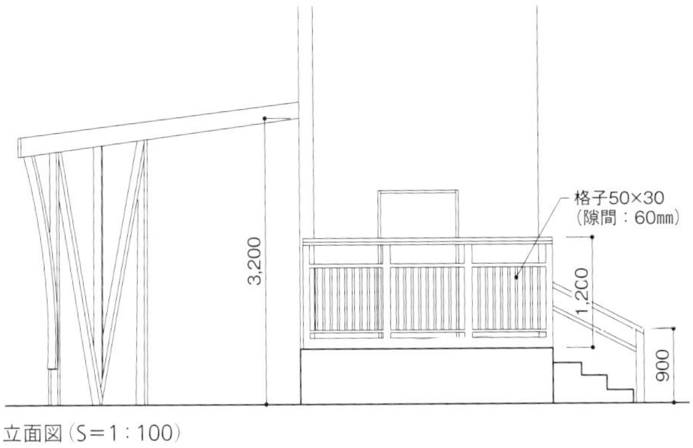

立面図（S＝1：100）

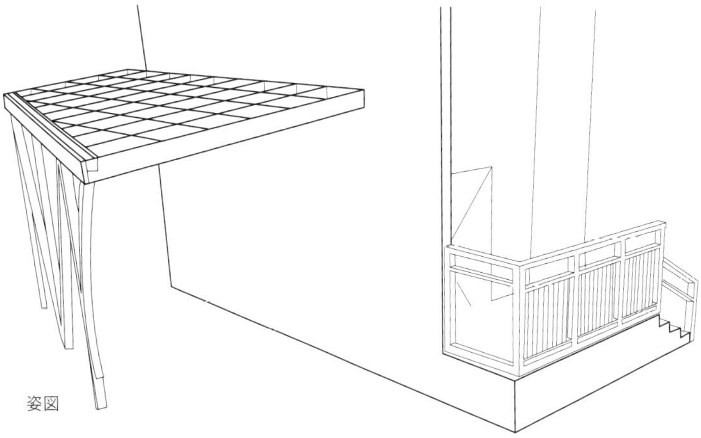

姿図

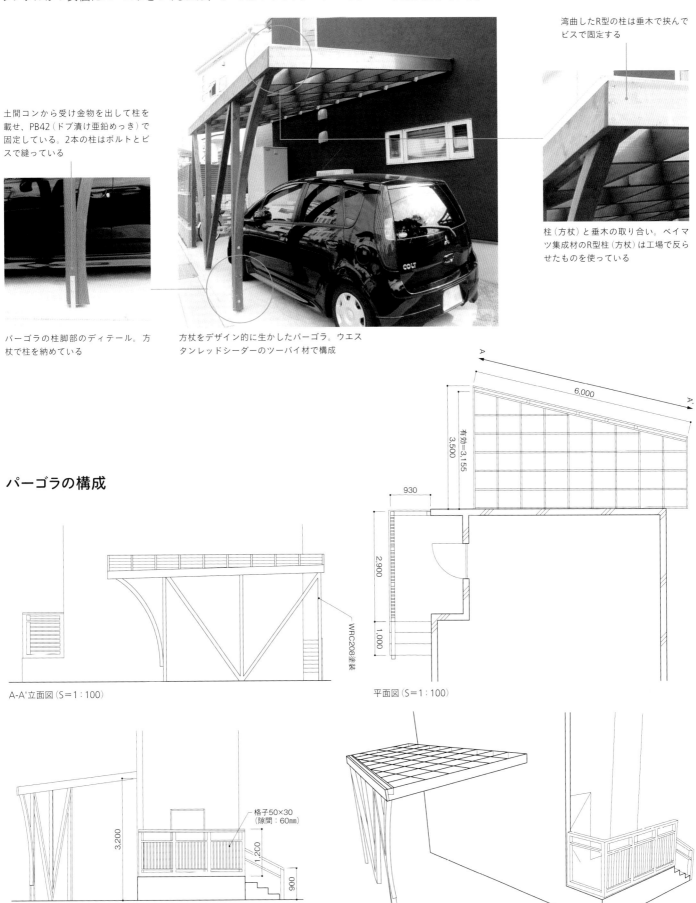

植栽を生かす塀と門柱

板塀は寸法の自由度が高く、形式もいろいろあるので、目隠しやゾーニングなどにおいて非常に使い勝手のよい手法である。周辺の仕上材や植栽とも非常に馴染みがよいので、それらとの組み合わせによって、外観を引き立ててくれる。

TECH 1

横張りでマッシブに見せる

板塀でコーナーを覆うことで、ボリューム感のあるマッシブな印象を与えることができる。

コーナーを板塀で覆って目隠しをした例。幕板には耐候性の高いイタウバを使用している

コーナーは留めにして目透しで納める

独立基礎に束を立てて金物で固定

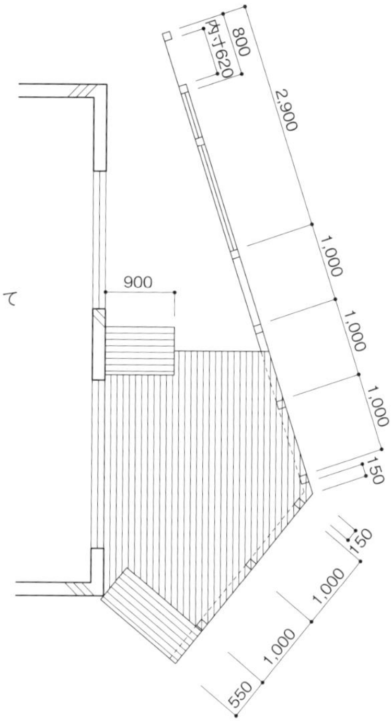

平面図（S＝1：100）

視線の遮蔽を考えると高さは1,700㎜前後になる

高低差が生じる部分は片持ちで処理

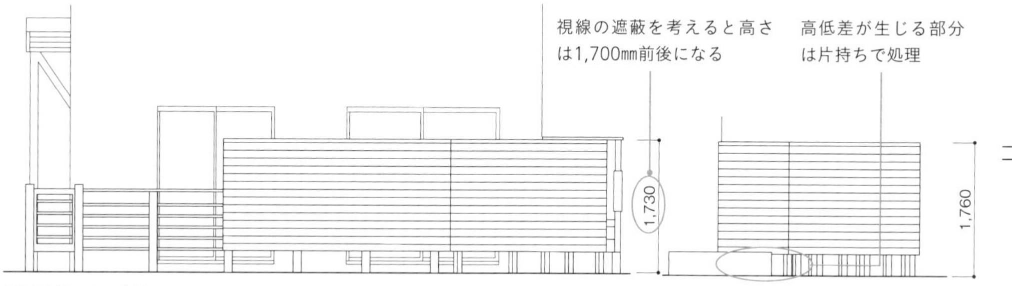

立面図（S＝1：100）

TECH 2

竪格子＋支柱でクラシックに見せる

支柱と竪格子の寸法を変えてメリハリを出し、受け材など部材点数を増やすことでクラシックな印象になる。

支柱に竪格子より大きな断面の材を使って框風に見せることで、クラシックな印象を与える

基礎の上に基礎パッキンを敷き、ボルトと金物を併用して固定

竪格子は横に流した受け材に差す

基礎との取合いの納まり。土台と支柱の断面を揃えることで、建具的な見え方になる

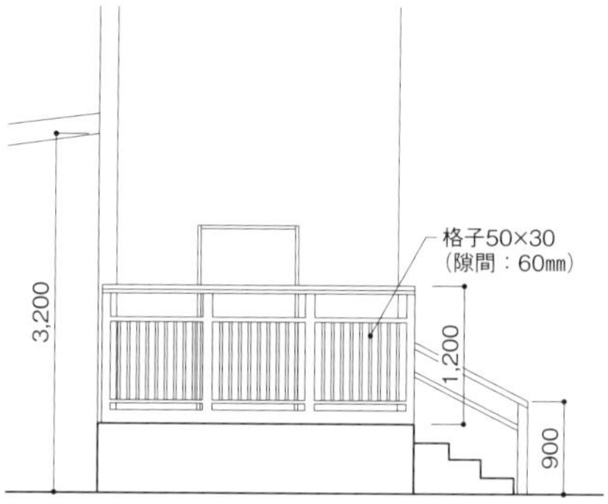

立面図（S＝1：100）

設計・取材協力：キリガヤ

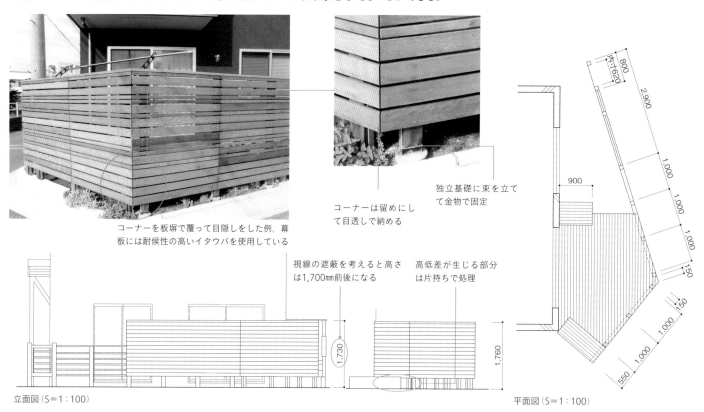

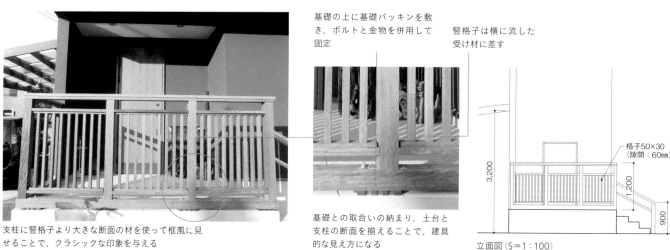

TECH 3

竪横格子を用いて存在感を強調

竪横に桟を入れた正方形の格子は、部材が密に組み合わせられるため、存在感が強くなる。

ウエスタンレッドシーダーを無塗装で使用。ツルバラを絡ませて雰囲気を整えている

竪横格子の場合は受け材を用いず直接支柱にビスで固定

格子の納まり。竪格子を通して、横格子を差すようにしている

TECH 4

横格子によるすっきりデザイン

横格子は長手方向のラインが強調される使い方が多く、非常にすっきりした印象になる。

受材をまずビスで止めてから柱に固定

耐候性の高いイタウバをPB42柱脚金物で固定

コーナーと柱脚部のディテール。材料には耐候性の高いイタウバを使用している

開口率が低く、横方向のラインが強調されたすっきりとしたデザインになる

TECH 5

アウトフレームと横張りの組み合わせ

一般的には塀の支柱は建物側に配置して見せないが、支柱を露出すると個性を表現しやすい。

パーゴラに合わせて板塀の支柱も外側に立てる。構成を見せるデザイン

構造を露わしにすることで、男性的でシステマチックな雰囲気を演出できる

幕板の端部は50㎜ほど支柱より出して切り離しで納める

視線の遮蔽を重視するなら隙間は30㎜程度

基礎の上に基礎パッキンを敷いてホゾ差し

柱脚部の納まり。90㎜角の支柱と土台を用いた。ウエスタンレッドシーダーを使用

TECH 6

木製門柱のデザイン手法

家の顔である玄関を演出するのが門柱や門扉。木でつくれば、さまざまなデザインが可能だ。

基本的なセオリー

門柱とそれに続く板塀や門扉はデザインをそろえる

耐候性を考えた樹種選定や塗装が必要になる。事例は耐久性の高いイタウバ

板塀とデザインを統一した門柱。インターホンやポスト、照明をバランスよく仕込んでいる

照明、インターホン、ポストが3点セットとなる。ポストや照明を独立させる場合もある

ポストには写真のように収納部を見せるものから差し口だけを見せるものまで、さまざまなデザインがある

足元は低木や下草を植えて際を曖昧にする

箱型の門柱

実加工したウェスタンレッドシーダーを竪張りした

3点セットに加えて、表札も門柱に取り入れた例

ウェスタンレッドシーダーの面を大きくとって横張りした

誘導灯は別に設けた例。横張りでまとめている

金物PB42に支柱を建てている

門柱の足元のディテール。独立基礎を設けて支柱を建てるのが基本になる

格子型の門柱

幕板を張ってポストを隠している

隣地境界の塀も竪格子でそろえる

格子型の門柱は、ポストが透けて見えるのをどう隠すかがデザイン上のポイントとなる

幕板を張ってポストを隠している

黒く塗装しているので、ポスト隠しの幕板（ウェスタンレッドシーダー）と門柱の素材の差が気にならない

格子型の場合、足元を軽く見せるのもよい

足元の納まり。支柱を建てる代わりに丸鋼を土間コンクリートに埋め込んで固定している

シャープで機能的な木製手摺

ベランダの手摺をきれいに見せるには、手摺の高さを低く抑え、
手摺の水平ラインを強調するのがポイントになる。

幅の広い笠木を生かす

水平ラインを強調する

笠木を幅広にし、手摺壁より外に飛び出させることで水平ラインが強調される（吉祥寺の家）

笠木の幅は20cm以上

2×10材を利用し、笠木の幅は20cm以上とすることで、
手摺壁の高さが低めでも転落しない（中山の家）

吉祥寺の家

笠木の幅を大きくとって安全確保し、高さを押さえている

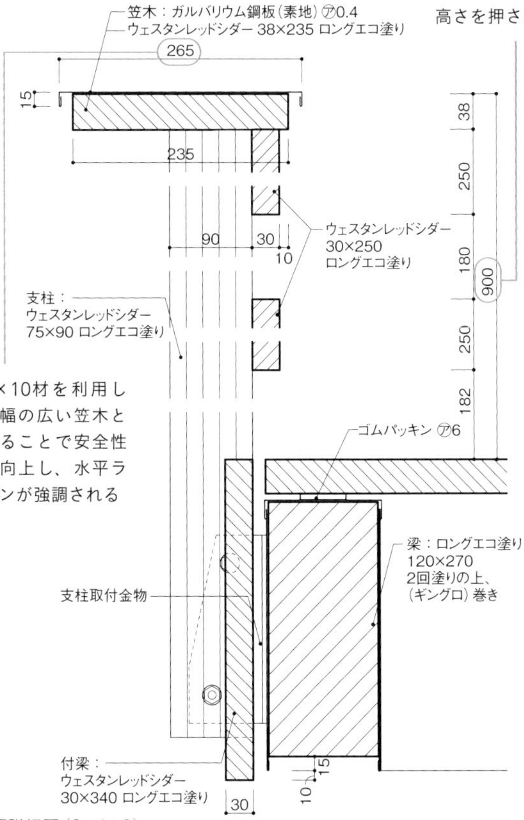

2×10材を利用して幅の広い笠木とすることで安全性が向上し、水平ラインが強調される

断面詳細図（S＝1：8）

吉祥寺の家

笠木の端部を20cmほど延ばすことで水平ラインが強調される

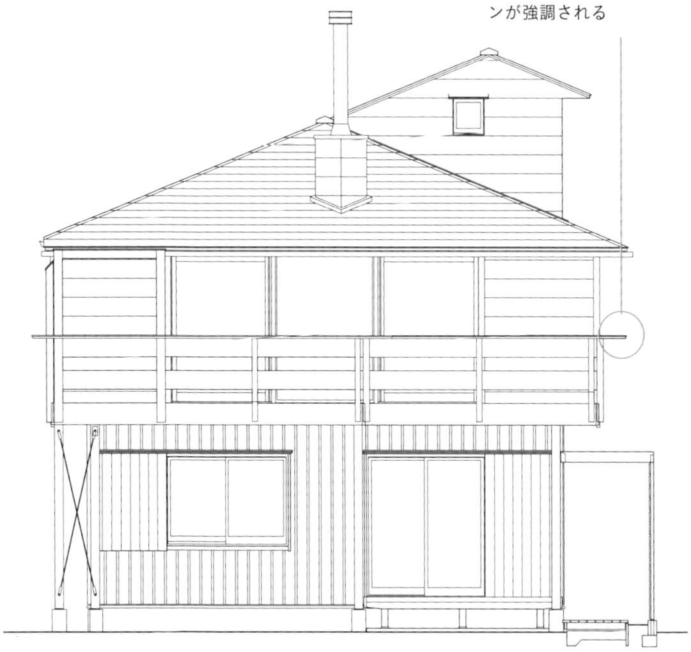

立面図（S＝1：100）

設計・取材協力：加藤武志建築設計室

日射を制御する雑木植栽

植栽は外観を整える効果が非常に大きい。なかでも最近人気を集めているのが雑木林の庭づくりである。
地域の植生を生かした、自然な雰囲気は建物のデザインを問わずマッチしやすい。
また植栽には環境改善効果の機能もある。これらを両立させる植栽手法の概要について解説する。

01 アプローチ周り

玄関までの奥行きを強調してアプローチを囲むように両側に中木～高木を植える

道路側にボリュームを設けることで遠近感を強調

02 駐車場の周り

駐車場の脇に中木～高木を植え、駐車場に影を落とし、夏の路盤の蓄熱量を減らす

駐車場に枝葉がかかるように配置し、木陰をつくり温度上昇を防ぐ

03 駐車場のデッドスペース

駐車場と建物の際のデッドスペースに木を植えると、夏の照り返しをふせぐことができる

デッドスペースに植え、照り返しなどを防ぐ

配管は建物から離す

建物の際に植えられるように配管は離して設置

建物の際に植物を植えられるように設備配管は建物から少し離して配置する

高～低木の組合せ方

中木や高木がお互いの影により幹を乾燥から守り、中高木の影で低木が健全に育つ

雑木の庭に主に使われる落葉広葉樹は冬にはその葉を落とし、室内や庭に光を取り入れ、夏は明るい木陰を生み出す。夏の間に活発な成長活動をする雑木は都会の劣悪な熱環境の中においても適切な植栽と配置で手入れにおいて高い環境改善効果を発揮する。四季それぞれに姿を変える雑木は、現代の暮らしの環境を改善するばかりでなく、目にも心にも豊かさをももたらしてくれるのだ。（中村真也）

取材協力：ちば山真童舎　資料・写真提供：高田造園設計事務所

雑木風植栽のポイント

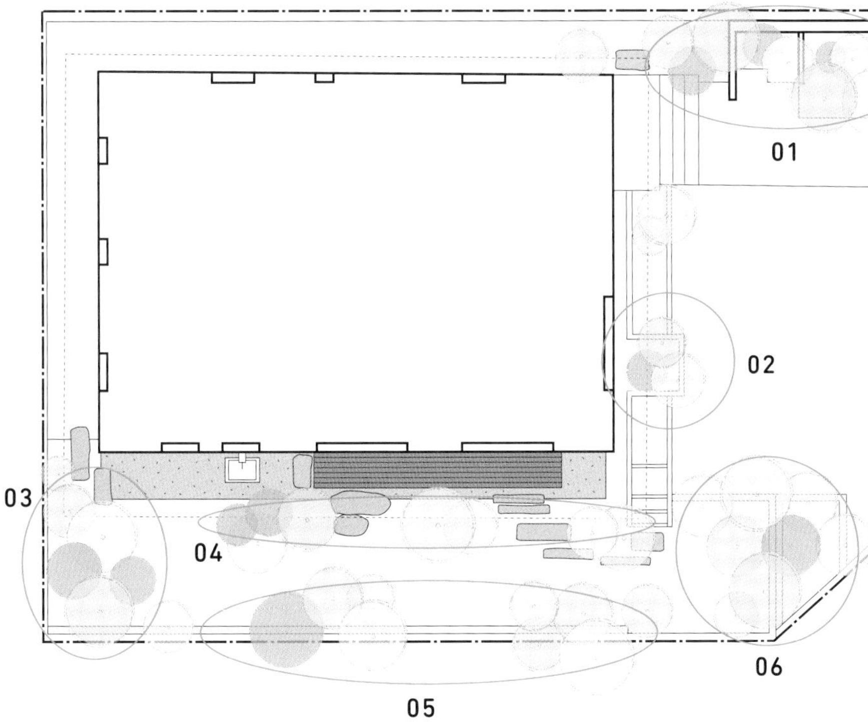

窓やテラスからの見え方

04・05の実践で建物から見たときに奥行きが生まれる

2階まで成長すると日射遮蔽や照り返し、環境改善効果がより高くなる

04 建物（窓）の近く

建物の2階まで届く枝葉が夏の建物内の温度上昇を緩和する。1階窓前には目隠しのための常緑樹を配置

道路側に植えると、外部からは木々に包まれているように見える

05 道路境界の近く

実際の植栽と重ならないようにバランスよく配置する

06 西日の防止

夏の西日を防ぐために隣地側に常緑樹を植えて緑量を確保し、建物側に落葉樹を植える

建物側を落葉樹とすることで冬には日が入る

TECH 1

自然植生を再生する手法

潜在的な自然植栽を取り戻すために、地域の植生に倣った木々を密植して自然淘汰させる手法がある。

マウントをつくり密植する

地面を1mほど掘り下げ、剪定枝や腐葉土を混ぜ合わせて盛り上げる。これをマウントという。その部分に土地本来の自然林に見られる多種類の植物を混植・密植して競争を促す

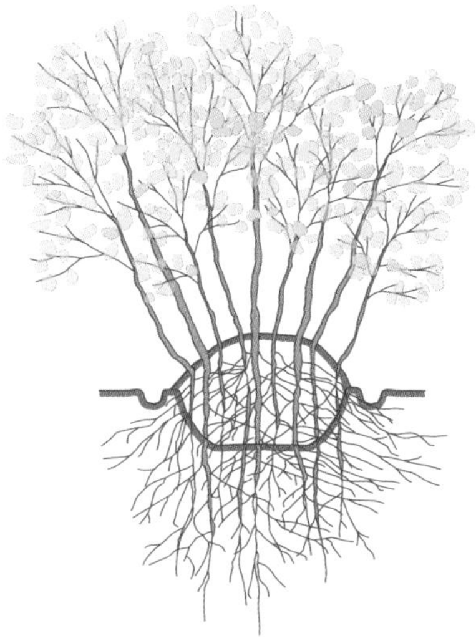

5～10年後木々は競合して伸張し根を伸ばす。この後放置すれば樹林（密集林）となってしまうが、間伐していけば並木（疎性林）として維持できる

TECH 2

雑木のポッド苗をつくる

費用対効果の高いものに、どんぐりをポッドに植える方法がある。
2年で苗として植えられるまでに育つ。

どんぐりから苗をつくる

どんぐりをポッドに植えて、ポッド苗をつくる。2年経つと苗木として使える

ポット苗で雑木の庭ができる

ポッド苗から育てた雑木も数年たてばこのようになる（事例はポッド苗は使っていない）

雑木の庭に使える樹種リスト

雑木の庭はその土地の植生にならうのが基本で、樹種のなどのルールは特にないが、分布が広く入手しやすいものをピックアップした。下草は木陰で競い合いながら生育していくものを選んでいる

落葉樹：
高木／中高木
・クヌギ
・ケヤキ
・イヌシデ
・アカシデ
・ヤマボウシ
・イロハモミジ
・イアタヤカエデ
・ヤマザクラ
・ヒメシャラ
・ナツツバキ
・コハウチワカエデ
・アズキナシ
・エゴノキ
・アオダモ
・アオハダ

落葉樹：
中木／中低木／低木
・マンサク
・アブラチャン
・タンコウバイ
・ナツハゼ
・ツリバナ
・ロウバイ
・トサミズキ

常緑：
高木／中高木／中木
・ヤブツバキ
・アラカシ
・モチノキ
・モッコク
・ソヨゴ

常緑：
中低木／低木
・シャリンバイ
・ウバメガキ
・アオキ
・ヒサカキ

下草
・ベニシダ
・ヤブラン
・リュウノヒゲ
・オニヤブソテツ
・ギボウシ
・シュンラン
・シラン
・ヤブコウジ
・ユキノシタ
・スギゴケ
・セキショウ
・キチジョウソウ

取材協力：ちば山真童舎　資料・写真提供：高田造園設計事務所

透水性のある舗装材料を使う

敷地内浸透やヒートアイランド防止の観点から注目される透水性舗装材。
ここでは三和土（たたき）と砕いた瓦を紹介する。

三和土の活用

土と石灰、砂、砂利で舗装する

土と砂利と砂、石灰を練り混ぜ、ひたすら叩いて固めていく。カーポートにも使用できる

土と砕石でベースをつくり、そのうえに主要材料に水とにがりを入れて撹拌したもの敷きならしていく

敷きならしたあとはランマ―などでひたすら突き固めていく

最後はコテで表面を均して仕上げていく

砕いた瓦の活用

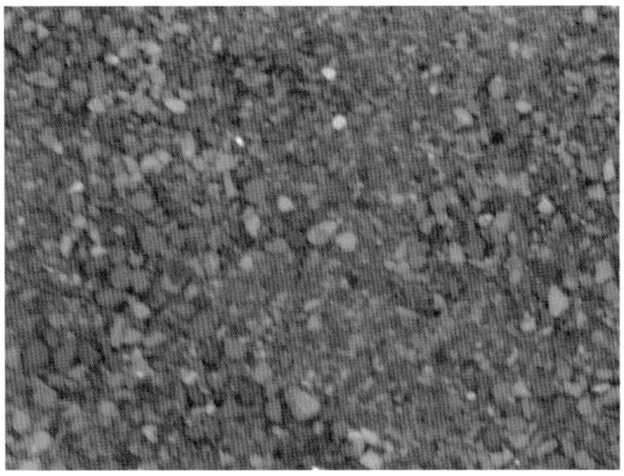

解体で出る瓦をチップに

解体時に出る古瓦をチップにしたもので最近は園芸店でも販売している。雑草防止にもよい

取材協力：ちば山真童舎　写真提供：高田造園設計事務所

大きな土庇にカーポートなどをまとめる

玄関周辺に土庇を回し、カーポートや自転車置き場の屋根を兼ねると外観がすっきりまとまる。

カーポートや自転車置き場を建築化する

ポーチ前を覆う土庇

ポーチ前に土庇をかけて、自転車などが置けるようにしている（市川菅野の家）

カーポートまで１枚の土庇で

玄関先からカーポートまでを1枚の土庇で覆い、柱のスパンを飛ばしてすっきり見せている（あざみのの家）

市川菅野の家　配置図（S＝1：150）

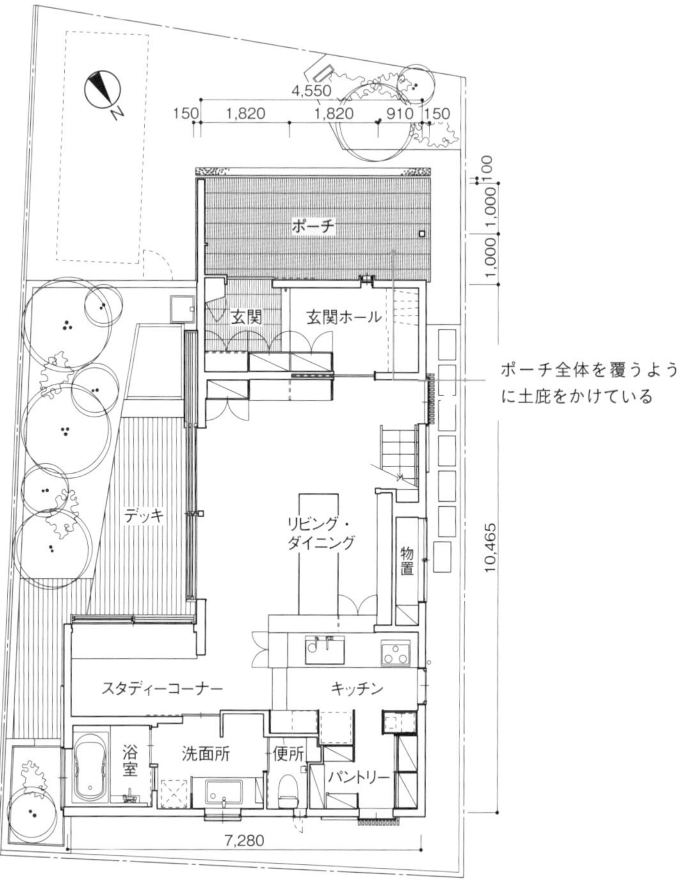

あざみのの家　配置図（S＝1：150）

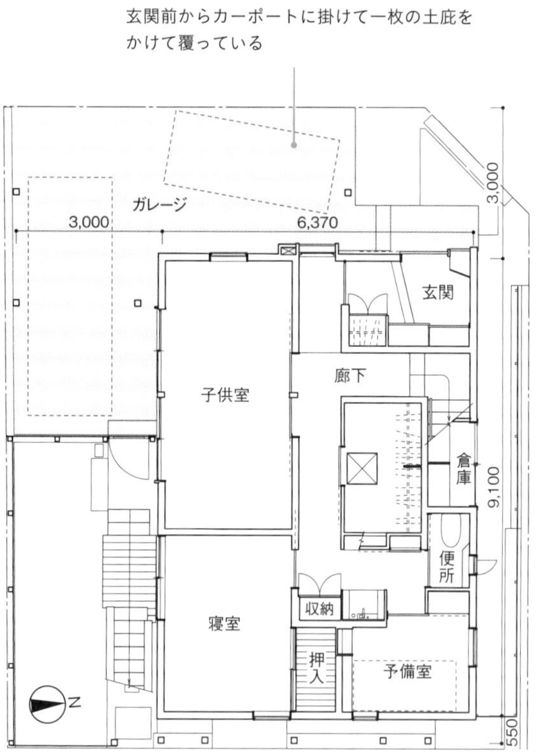

注　青い色がひいてある範囲が土庇がかかっている範囲

設計・取材協力：加藤武志建築設計室

玄関前に土庇のかかった大きな空間があるので、雨のときの出入りなどにも便利

市川菅野の家　土庇・枠回り断面詳細(S=1：12)

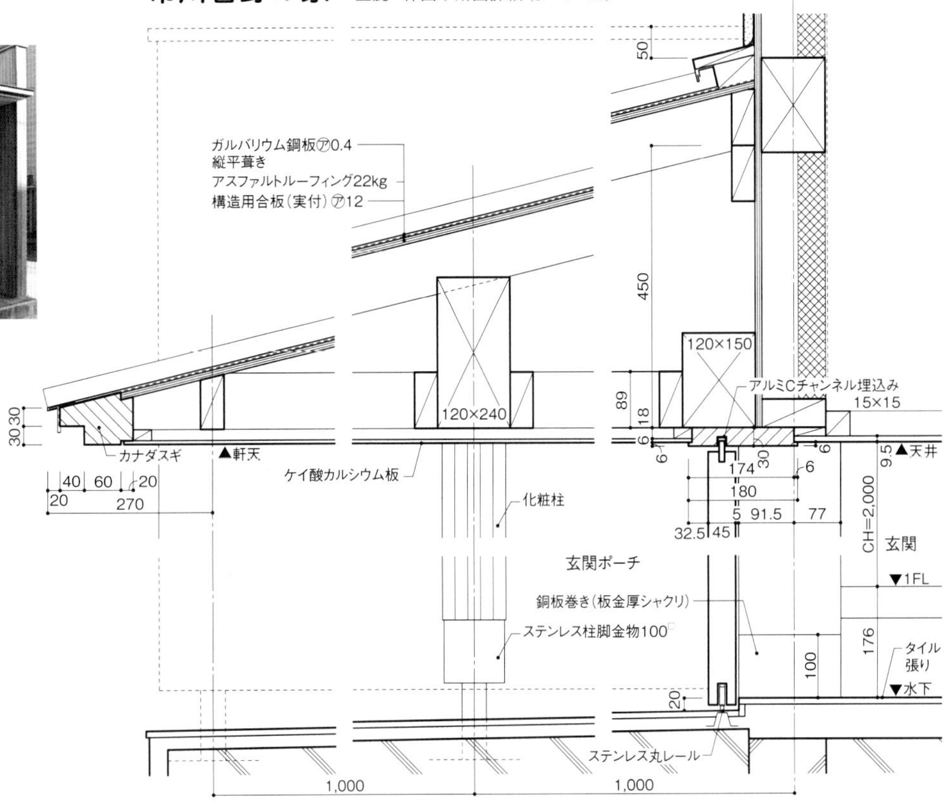

あざみのの家　土庇・枠回り断面詳細(S=1：12)

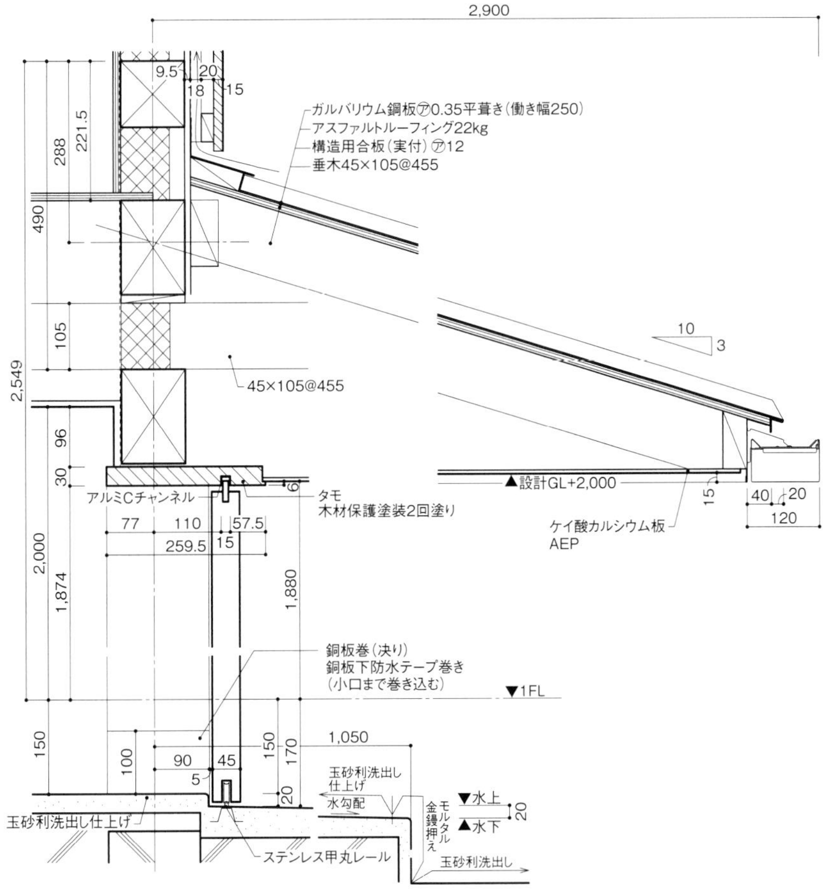

玄関脇の袖壁には買い物袋を下げるフックが取り付けられている

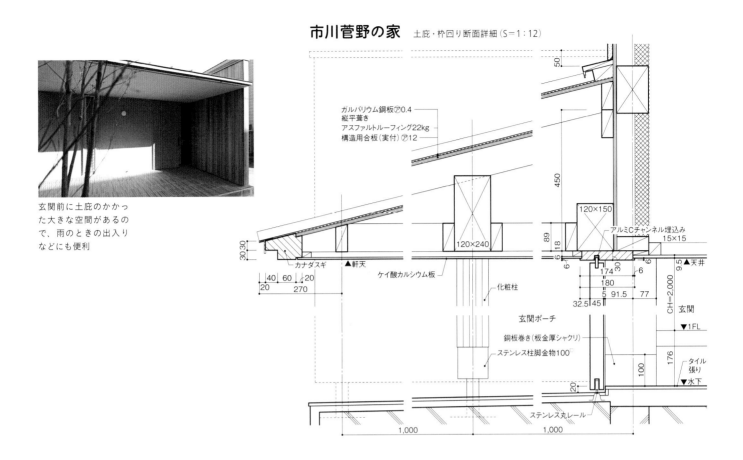

通風雨戸で外観を整える

木製スリットをもつ雨戸を設けることで、通風兼防犯機能をもたせるとともに、
建物の外観に変化が生まれる。

風を通し、光が漏れ出る防犯建具

通風雨戸は夜景も美しい

夜は逆光となるため、スリットのラインが強調され、きれいなシルエットとなる

上下で方立の位置を揃えている

スリットになっているので中の光がほどよく漏れ出て味わい深い外観となる

スリット雨戸、網戸、ガラス框戸の3枚がセットになっている

外装が竪張りなので建具は引き代の子壁を含めて対比的に横張りにしている

方立を挟んで引き分けになっている。左の2枚は引違いになっている

外装材と仕上げの色を変えることで、存在が強調される

引き分けになっているので、施錠などのために方立を設けている。ラインを強調するために外壁に合わせて黒く塗装している

建具の仕様

建具図(S=1:40)

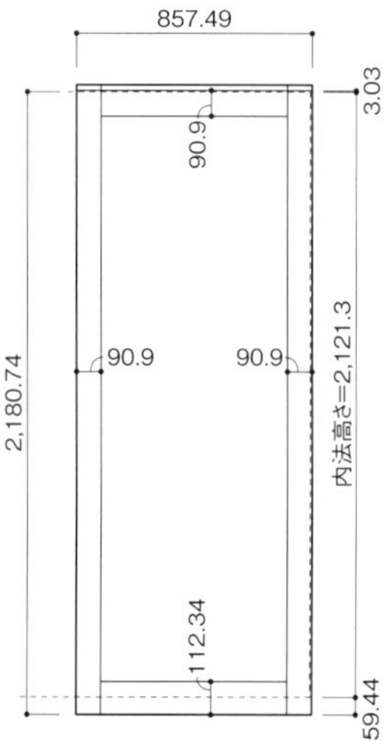

ガラス框戸

材質：スギ・、見込み：39.39㎜
ガラス：ペアガラス、錠：シリンダー錠／引寄せハンドル、引手：真ちゅう
戸車：SUS製、レール：SUS製

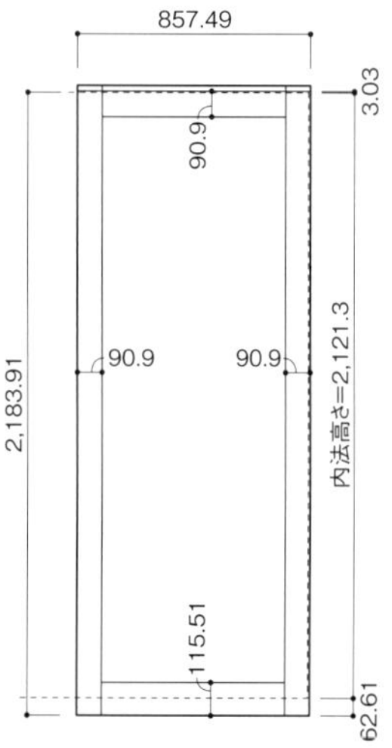

網戸

材質：スギ
見込み：30.3㎜
引手・戸車・レール：左同

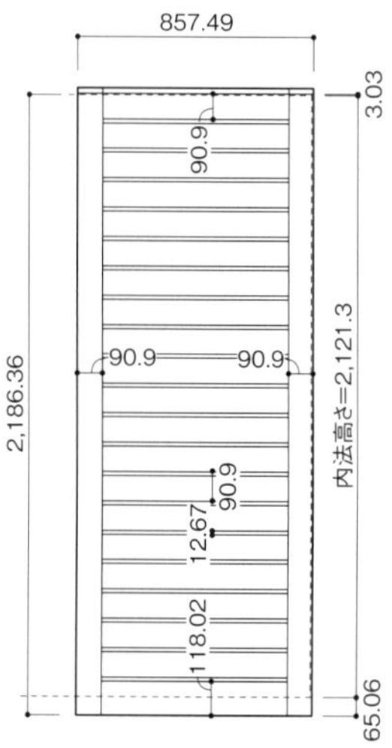

雨戸

材質：スギ・タモ
見込み：30.3㎜、錠：鎌錠
引手・戸車・レール：左同

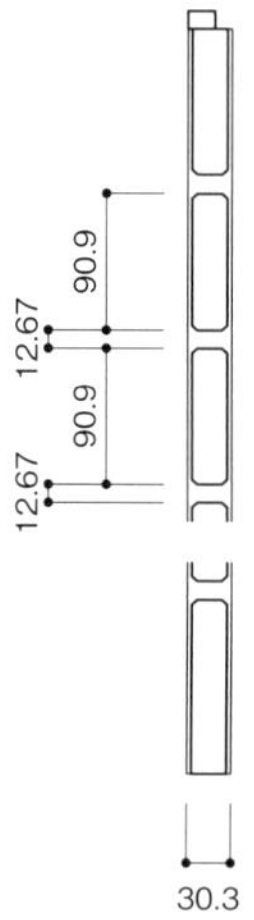

取付け枠

材質：スギ柿渋コート塗り
(古代色：3色＝1：1)
トシヤマ

設計・取材協力：きらくなたてものや　撮影：畑拓

プロが選んだ最新外装＆外構材

木造住宅に使用できる外装材や外構材料は意外と限られる。
それらのうち、表現の幅が大きいのが塗装（塗材）で、
外装はもちろん外構でも表現の幅を広げている。
ここでは塗料を含めた汎用的で外観の表現を向上させる製品をピックアップして紹介する。

塗料

塗料は機能性と意匠の2面から選んだ。
テーマは遮熱と耐汚染性、白色と黒色に関して意匠性の高い表現ができるということである

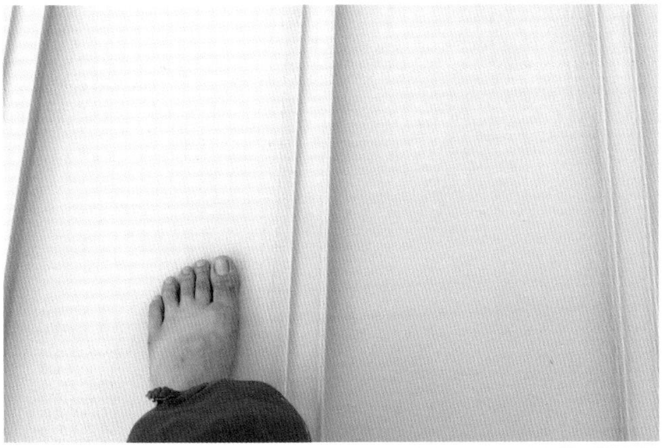

遮熱効果が高い塗料

ガイナ（日進産業）。断熱・遮熱塗料。性能は採用物件で実証済。弾性で透湿があり、吹付けやコテ、ローラーなど道具を選ばない。価格は高めだが費用対効果でいうと他社の弾性塗料や機能性塗料よりお得。艶消し仕上げのみ（写真右）なので、やや汚れが付きやすい

汚れにくい左官調塗材

ジョリパットフレッシュ（アイカ工業）。砂壁状の骨材入りの材料をコテやローラーで施工して表情を付ける塗材。凹凸があるぶん汚れやすいが、この製品は塗り替え用で低汚染型なので比較的長く美観を維持する

とにかく黒い塗料

タールエポ塗料。エポキシ樹脂・コールタールなどを主原料とした重防食用の塗料で各社より販売されている。一般には橋梁や鋼管、タンク類などに用いられる。防食性能ともに濃い黒色が長期維持できるという特徴がある

漆喰のような仕上がりの塗料

アレスシックイ（関西ペイント）。いわゆる石灰系の漆喰塗料。手触りや質感は漆喰そのもの。ただし同様に汚れは付きやすい。写真は内装の事例だが、外装用の製品もある。塗膜が固いので割れやすい（EP塗料と同程度）のが難。価格は高め

監修：結城伸太郎（ゆうき総業）

特殊塗装

外構では塗料など湿式材料を使った特殊な表現技法が普及してきている。
技術とアイディアでさまざまな意匠が可能である。

幅広いデザインに対応するスタンプコンクリート

セメントに直接色を混ぜる、セメント硬化後に着色するなどにより各種のテクスチュアを表現する技法。デザインの自由度が高く耐久性も抜群。コテ塗り基本だが希釈によってはリシンガンでも吹付け可能

スタンプコンクリートによる舗道のテクスチュア。陰影の付いたリアルな表現が可能

スタンプコンクリートの応用例。コンパスを模した意匠を表現している

スタンプコンクリートの応用で硬化前に彫刻する造形工法。高額だが多様の意匠が可能

職人技能が冴える木目調エイジング

木目に見せる疑似塗装。一般的な塗料で可能。膜厚や耐候性は使用製品による。ただし微弾性フィラーのような厚膜型では木目は出にくい。特殊なハンドツールで施工。会社による技術差が大きい

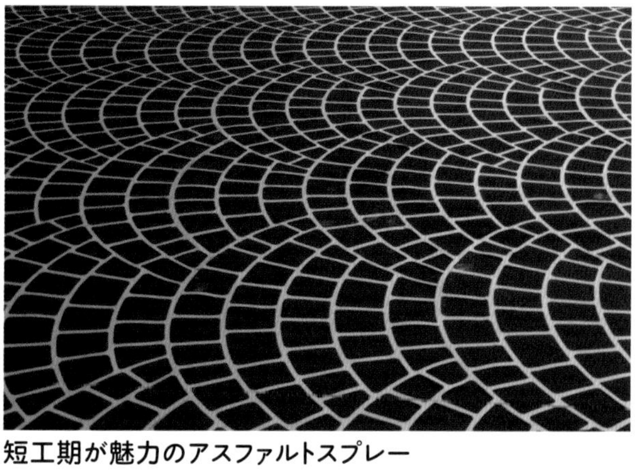

短工期が魅力のアスファルトスプレー

アスファルト路面に直接吹付塗装して仕上げられる。型紙も数パターンある。施工日数は最短1日（雨天中止）。専用のガン機で施工する

監修：結城伸太郎（ゆうき総業）

コンクリートブロックれんが

グレイッシュな色調や正方形モジュール、
石調ブロックなどの製品の人気が上がってきている。

正方形のコンクリートブロック

ユーキューブサターン（マチダ）。190㎜角。専用役物により天端が平らに納まる。白や黒、こげ茶とモダン系住宅と相性がよい色が揃う

正方形のレンガ

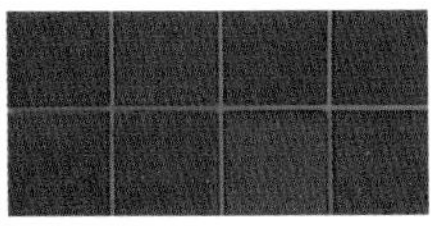

ショコラキューブ（エスビック）。190㎜角。焼き物ならではの風合い抑え目の色調が特徴で、流行のナチュラルモダン住宅に最適

こぶだし調のコンクリートブロック

ピッチブリック（エスビック）。基本寸法は240×90×130㎜。芋目地に積んでモダン風、馬目地につんでナチュラル風の表現が可能

コンクリートブロックのキャップ

アルミキャップ（エスビック）。アルミ製笠木。基本寸法は1,995×26×160㎜。シャープな表情になる。色はアルミとシャンパンゴールド

セーフティーキャップ（エスビック）。基本寸法は390×45×150㎜。コンクリート製の笠木。小口にリブ模様が付いたすっきりとしたデザイン

フェンス

境界に配置するフェンス類は、細身のルーバーフェンスとすっきりとした支柱と金網で
構成するメッシュフェンスの人気が高まっている。

ルーバーフェンス

千本格子足付きユニット（タカショー）。格子内に鉄芯があり、高強度。厚さを80㎜に抑え、狭い場所に対応。格子隙間は53㎜と30㎜

メッシュフェンス

ハイグリッドフェンス剣先1型（LIXIL）。基本寸法は幅2,000×高2,025㎜。侵入抑制効果の高い剣先をもち、すっきりとしたデザイン

取材協力：阿部彩英子（エッセ アルキデタ）

［快適］外構プランの定番ルール6

一般的になりつつあるオープンな外構。「開く」「閉じる」の意味をきちんと理解し、
「定番ルール」を押さえたうえで設計したい。

RULE 1

塀を設けずオープンな外構を

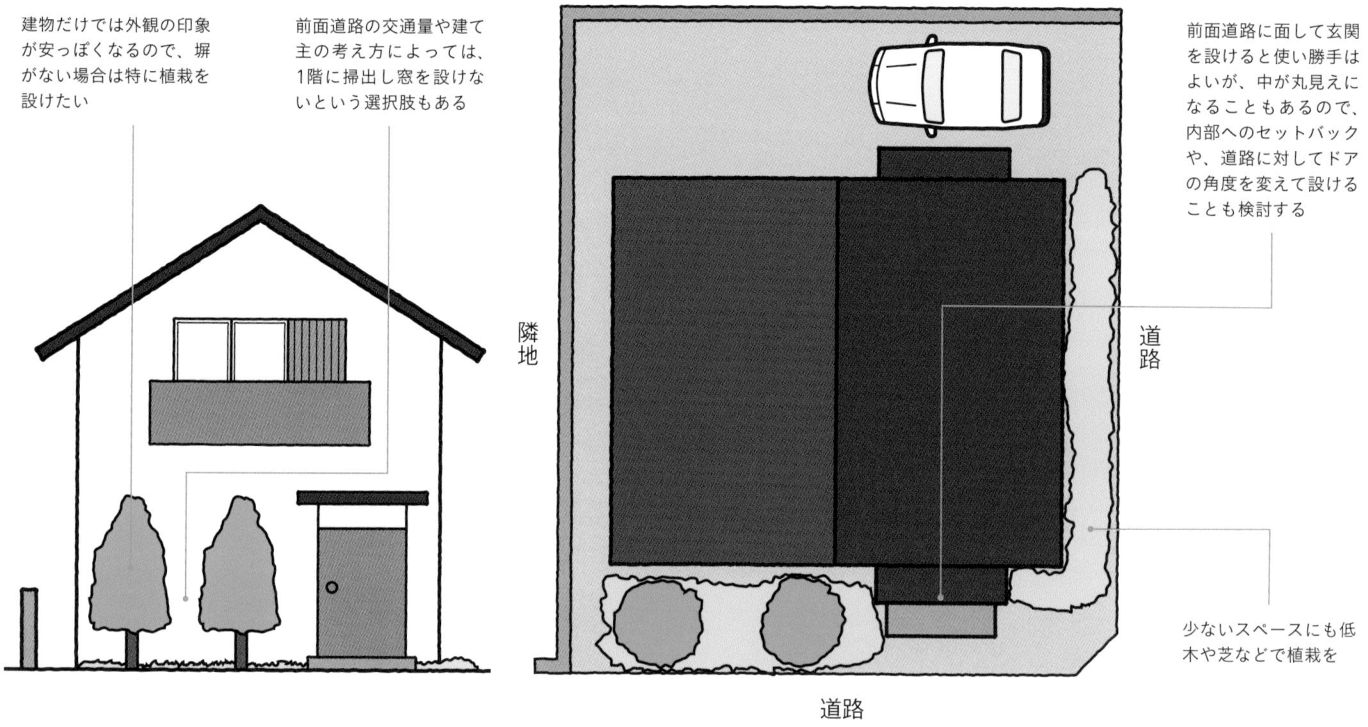
建物だけでは外観の印象が安っぽくなるので、塀がない場合は特に植栽を設けたい
前面道路の交通量や建て主の考え方によっては、1階に掃出し窓を設けないという選択肢もある
隣地
道路
前面道路に面して玄関を設けると使い勝手はよいが、中が丸見えになることもあるので、内部へのセットバックや、道路に対してドアの角度を変えて設けることも検討する
少ないスペースにも低木や芝などで植栽を
道路

外構を設計するには、まず、周囲の環境に対して「開く」のか「閉じる」のかを決めなくてはならない。ここでいう「開く」「閉じる」とは、建物や敷地を囲って隠す塀などを設けない外構とするのか、それとも設けるのか、ということを指す。昔の住宅では閉じた外構が一般的であったが、最近では閉鎖的な印象を避けたい、外構にお金をかけたくないなどの理由から、開いた外構が増えてきている。また、海外では開いた外構が一般的で、「地域に積極的に開く」という意味から塀を設けないことも多い。

ただし、外構を「開く」か「閉じるか」は、コストや流行などで容易に決めるべきことではない。人の往来が多い道路に接する敷地であれば「閉じる」ほうが建て主にとって快適だろうし、たとえば海に面した展望のよい敷地であれば「開く」ほうがよい。また、プライバシーに対する考え方も建て主によって異なるため、これらの条件を考えたうえで決定すべきである。

もちろん、「開く」「閉じる」を決めただけの外構では、建て主にとって快適な住宅にはならない。「開く」場合にも、どれだけプライバシーを確保できるか、「閉じる」場合ならどれだけ開放的に生活できるか、なども併せて考えながらバランスよく設計を行う必要がある。

RULE 2

オープン外構のデッキには塀を

デッキは、塀で全周を囲むよりも、一部を開放したほうが、敷地に出られるなど使い勝手がよい。必要に応じて視線除けの植栽を

オープン外構のデッキには、同材を用いた塀をできるだけ設け、外部の視線を気にせず使えるよう配慮したい

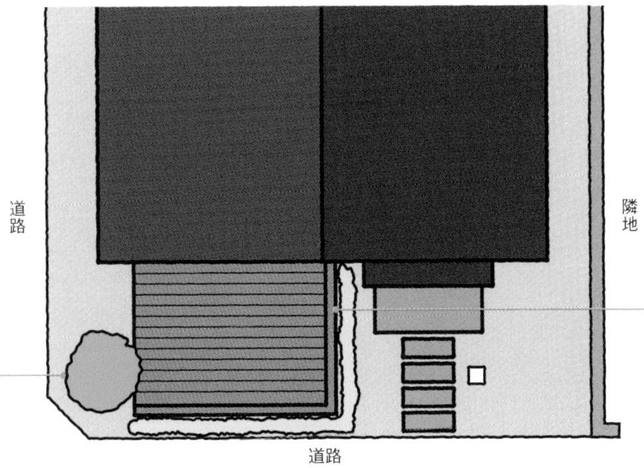

板張りの塀に囲まれたデッキテラス。周囲の視線を塀によって遮っている（田中工務店）

RULE 3

門柱で敷地内を仕切る

コンクリートを打ったカーポートの奥に門柱が立てられている。門柱から内側がプライベート空間であることを示している（相羽建設）

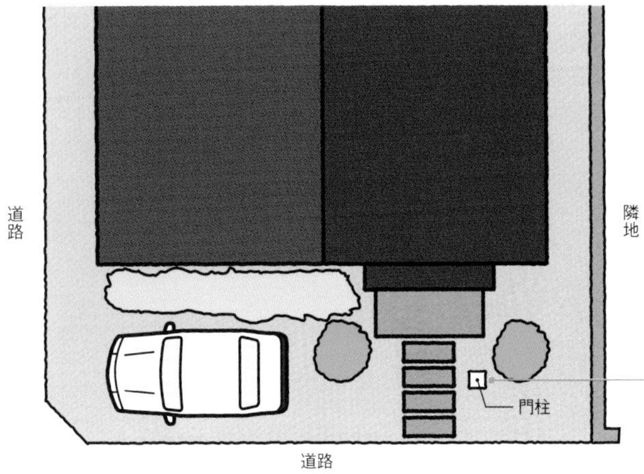

オープンな敷地では、外部からの人の立ち入りを停止させるのが難しい。建て主が気にするの場合は、玄関の手前に門柱を設けるとよい。境界線にふさわしい位置に低木などを配するのもよい方法だ

RULE 4

玄関前に小さな塀を設ける

オープンな外構ながら、前面道路からの視線が気になる場合は、玄関の前に壁を設けるとよい。ただし、圧迫感がないように低い壁や隙間をあけた板塀がよい

アプローチが分かるように、石やコンクリート、砂利などで通路をしっかりと設ける。また、塀でカバーしきれない部分は植栽で視線を遮る

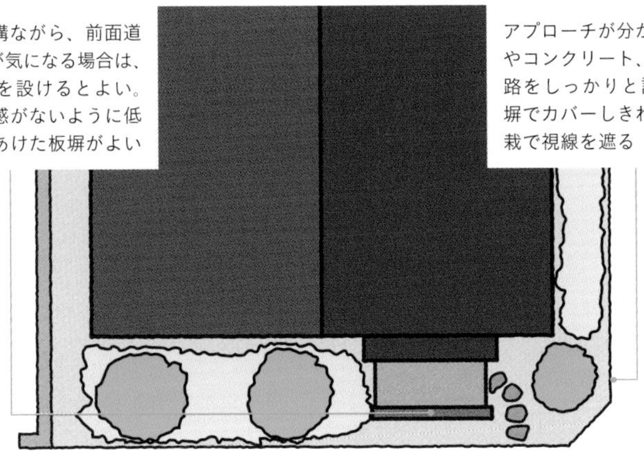

玄関前に置かれた白い左官の塀。塀の高さを抑えているため圧迫感がない。また2枚の壁をずらして奥行感もつくっている（フォーセンス）

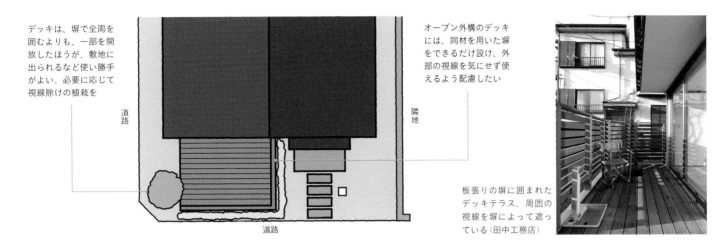

RULE 5

閉じた外構の内側は開放的に

塀で囲む場合は、塀に面する1階は窓をできるだけ設けて開放的にするとよい。ただし、塀だけだと内側からの景色が殺風景になるので、植栽を必ず設けたい

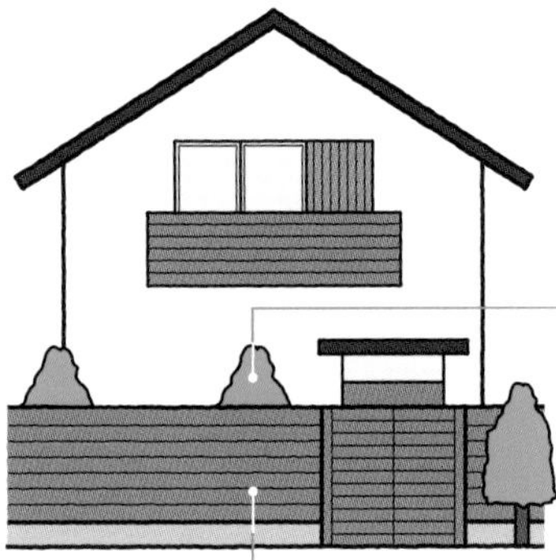

塀は木の板塀が外観上も、内側から見た印象もよい。隙間を設けて張ると、内外から見たときの圧迫感がさらに和らぐ

塀の内側には部屋の延長としてのデッキテラスを設けるとよい

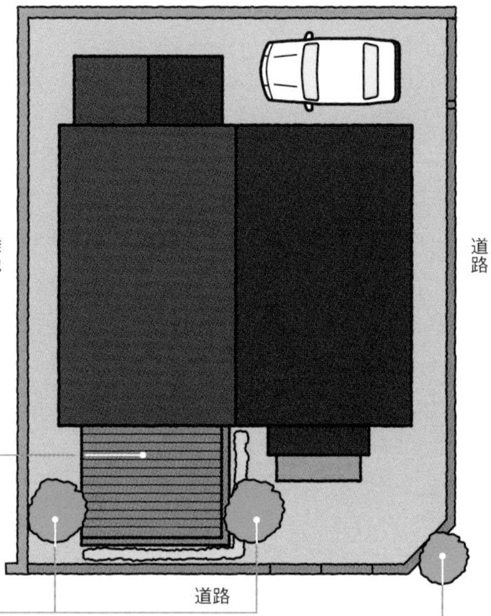

隣地や玄関からの視線は植栽などで緩やかに遮る

塀を設けると外観がどうしても「閉じた」印象になる。塀の外に植栽や花壇などを設けて外観を和らげる工夫を

横張りの板塀。板の見付けを細くし、その間に隙間を設けることで、風や光なども緩やかに敷地に取り込める（フォーセンス）

横張りの板塀を設けた住宅の外観。板塀はブロック塀などに比べて軽快な印象で、外観上のアクセントとなる（相羽建設）

RULE 6

閉じた建物は部分的に開く

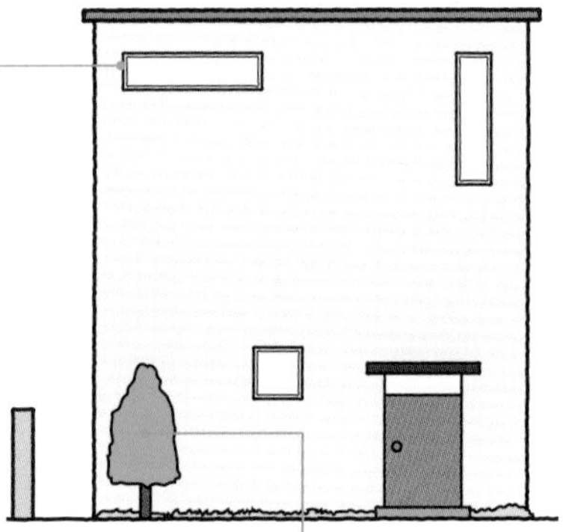

塀を設けず外部の視線を遮る場合は、道路側の窓の設置をできるだけ控える。ハイサイドや小窓などを上手に使い、採光や通風をとりたい

閉じた外観はそれだけで殺風景な印象になるので、植栽は必ず設ける

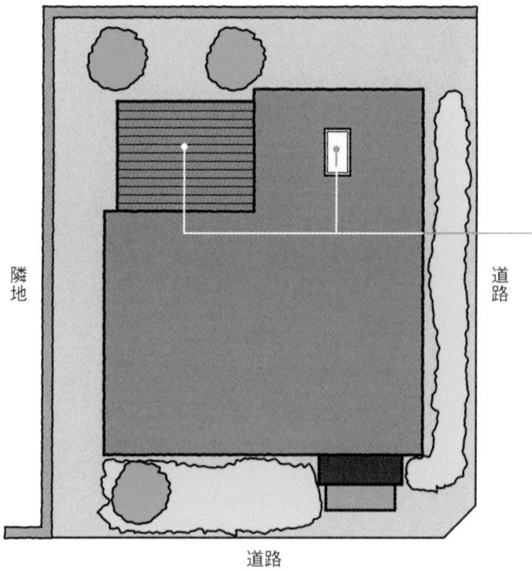

建物の裏側や内側は必ず開放的なつくりとする。視線の気にならない場所にデッキを設けたり、トップライトを利用したりするとよい

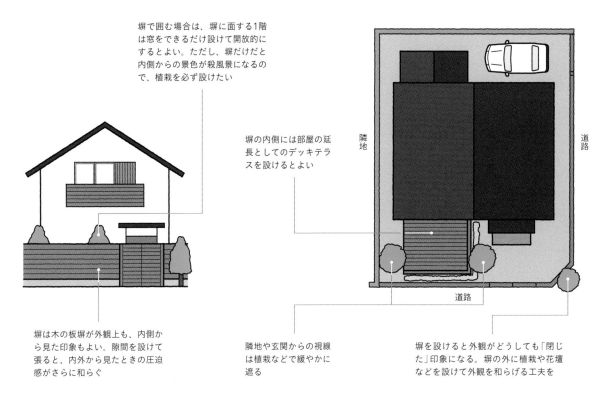

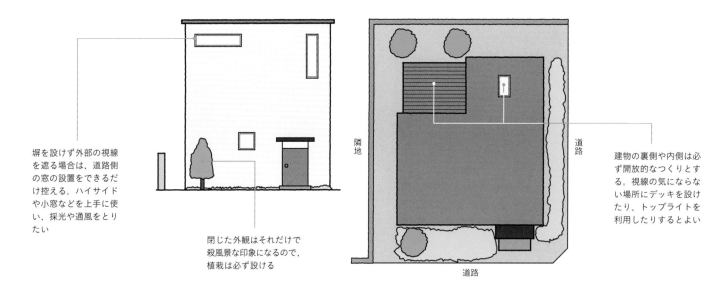

取材協力者一覧（50音順）

相羽建設
アセットフォー
アトリエオーブ
ウッドシップ
海野建設
エッセ アルキデタ
扇建築工房
OCM一級建築士事務所
岡庭建設
カサボン住環境設計
加藤武志建築設計室
神奈川エコハウス
北村建築工房
きらくなたてものや
キリガヤ
参創ハウテック
田中工務店
チトセホーム
ちば山真童舎
輝建設
デルタトラスト建築設計室
モコハウス
パパママハウス
フォーセンス
平成建設
ゆうき総業

出典

「センスを磨く！住宅デザインのルール」1・6
「建築知識ビルダーズ」No.2・4・12・33

センスを磨く！
住宅デザインの新ルール

外観・外構編

2020年11月2日　初版第一刷発行

発行者　澤井聖一
発行所　株式会社エクスナレッジ
〒106-0032東京都港区六本木7-2-26
https://www.xknowledge.co.jp/

編集　TEL：03-3403-1381／FAX：03-3403-1345
info@xknowledge.co.jp
販売　TEL：03-3403-1321／FAX：03-3403-1829